LES
CORPORATIONS

PAR

l'Abbé J. TRONCY

DOCTEUR EN THÉOLOGIE ET LICENCIÉ ÈS LETTRES
CURÉ D'ARNAS

LYON
IMPRIMERIE EMMANUEL VITTE
Rue de la Quarantaine, 18
—
1894

LES
CORPORATIONS

PAR

l'Abbé J. TRONCY

DOCTEUR EN THÉOLOGIE ET LICENCIÉ ÈS LETTRES
CURÉ D'ARNAS

LYON
IMPRIMERIE EMMANUEL VITTE
Rue de la Quarantaine, 18

—

1894

PRÉLIMINAIRES

Notre siècle, qui se glorifie de ses progrès, voit le plus grand nombre des hommes en proie à la misère, au paupérisme, à l'abjection morale. En face de ces malheureux se présente un spectacle bien fait pour les exaspérer, c'est la richesse industrielle s'augmentant sans mesure entre les mêmes mains, l'insolence du capital, l'oubli de la justice et de la charité chez ceux qui possèdent à l'égard de ceux qui n'ont rien.

Les causes de cette situation sont nombreuses. Les principales sont la liberté illimitée et absolue du travail, substituée au régime des anciennes corporations, pour livrer le travailleur à l'individualisme et à l'isolement ; la concurrence illimitée sur toute l'étendue du marché, qui n'a d'autres limites que celles du monde, et qui met la fortune à l'entière disposition du capital-argent; la direction unique de toutes les forces humaines vers la richesse et le bien-être matériel, sans le moindre souci de la vie morale des travailleurs; la guerre entre les patrons et les ouvriers; les grandes agglomérations nécessitées par l'invention des machines, avec tous leurs dangers; l'inconduite de la classe ouvrière privée de la protection de ceux qui devraient la diriger; l'oubli des devoirs du patronage; le travail des enfants et le mélange des sexes dans les manufactures et ateliers, sans aucune sauvegarde des âmes; la dégradation physique et morale des infortunés que le travail du dimanche épuise et abrutit, pervertis qu'ils sont déjà par le mauvais exemple des maîtres, État ou patrons, qui les emploient; enfin, par-dessus tout, la perte de la foi chrétienne, qui est la source de tous ces maux.

En réalité, le monde du travail a été désorganisé et déchristianisé; l'individu est resté livré à lui-même, le plus faible a été victime du plus fort; et parce que Dieu manquait à l'un et à l'autre, tous les devoirs de la charité, et même ceux de la justice, ont été méconnus. Il faut rappeler ces devoirs, qui comportent le rapprochement des hommes et des différentes classes de la société.

Cependant, il ne suffit pas de réunir les hommes pour les accorder; souvent même, lorsqu'ils délibèrent côte à côte, ils s'entendent moins que jamais. La justice reste alors pour eux dans le domaine de la théorie, et la charité dans celui de la fantaisie. C'est à peu près tout ce que peut faire l'homme laissé à sa nature; son horizon est purement suggestif et s'étend aussi loin que le moi.

Qu'y a-t-il donc au delà du moi? Il y a l'humanité tout entière considérée chrétiennement; il y a toute la valeur de l'homme racheté par le sang de Jésus-Christ, et ce sang a été répandu pour tous; il y a l'ordre surnaturel, qui doit saisir toutes les âmes, pour leur apprendre que leur fin n'est pas sur la terre, et que, pour atteindre leur destinée, Dieu leur offre dans sa grâce une lumière et une force que la terre ne connaît pas.

Voilà ce qu'il faut enseigner au monde du travail, et c'est avec ces pensées qu'il faut le réorganiser. Les anciennes corporations s'en étaient inspirées, et ce fut la raison de leur puissance et de l'heureuse action qu'elles exercèrent. Animées de l'esprit chrétien, elles réussirent non seulement à rassembler les hommes, mais encore à les concilier. La charité aidait à comprendre la justice ; les intérêts, mis en présence aussi bien que les personnes, trouvaient dans ces deux vertus le moyen de s'accorder. Ces associations, essentiellement chrétiennes, ont fait le bonheur des peuples qu'elles ont vivifiés. Il faut ressusciter l'œuvre, et corriger en elle ce qui autrefois amena sa ruine. En adaptant les corporations aux conditions nouvelles de notre état social, elles peuvent retirer les peuples de la misère et de l'abjection, et leur procurer le bien-être moral et matériel qu'ils cherchent en vain.

D'ailleurs, ils n'ont pas renoncé aux avantages de l'association, ils s'y portent d'eux-mêmes. De toutes parts, les travailleurs veulent s'organiser entre eux ; les corporations renaissent, mais c'est en dehors de tout esprit religieux. Les catholiques doivent s'emparer de ce mouvement, l'orienter et le diriger. Il faut établir les associations à l'ombre de l'Église et de la croix qui a réconcilié le monde avec lui-même et avec Dieu. Ce ne doit pas être une résurrection, mais le rajeunissement d'une œuvre antique. Tous doivent y travailler, mais surtout la classe dirigeante. Il n'est pas permis de se désintéresser du salut de ses frères. « Aucun de nous ne vit pour soi-même, et aucun de nous ne meurt pour soi-même », comme le dit saint Paul aux Romains, nemo enim nostrûm sibi vivit, et nemo sibi moritur (1). Les corporations répondent à cet avertissement du grand apôtre. C'est ainsi que l'ont compris de nos jours quelques hommes dont le dévouement égale la foi et l'intelligence. Les premiers au travail pour rétablir cette œuvre capitale, ils ont déjà vu le succès couronner leurs efforts. Nous avons

(1) Rom., xiv, 7.

recueilli leurs principes et quelques-unes de leurs idées, et nous voulons en donner ici le résumé, avec nos appréciations personnelles. Si notre rapport ne paraît pas être assez juste ou exact, nous prions le lecteur de nous en prévenir, et nous tiendrons compte de ses observations. L'auteur n'est qu'un ouvrier, pas même syndiqué ; le patron, c'est le lecteur.

CHAPITRE PREMIER

L'INDIVIDUALISME ET LA CORPORATION
LA LIBERTÉ DU TRAVAIL

La liberté absolue du travail est adoptée par le libéralisme révolutionnaire de 1789 comme la base de l'économie sociale. Cette liberté a produit l'individualisme, qui enfante lui-même la misère, le paupérisme, le désespoir ou la révolte. En se substituant à la solidarité chrétienne, il a éteint la charité. Comme le dit M. Elie Blanc : « Qu'est-ce que l'individualisme, sinon l'exagération de la liberté et des droits individuels? » (1).

La liberté illimitée s'appuie sur la prétendue bonté native de l'homme, au nom de ses propres droits et de la souveraineté de sa raison. D'après ce principe, l'homme est complè-

(1) *La Question sociale*, p. 16.

tement libre à l'égard de toute loi morale, naturelle ou révélée, pour agir au mieux de ses intérêts, affranchi de tout devoir envers ses semblables qui serait contraire à ces mêmes intérêts, indépendant de toute puissance divine ou humaine, pour sauvegarder ce qu'il croit être son véritable bien.

Les doctrines tirées de ce principe se sont peu à peu répandues dans le monde entier ; mais l'inscription du principe même dans la législation française date de l'édit de Turgot, supprimant les jurandes et les maîtrises, il est du 12 mars 1776. Il abolit les jurandes, c'est-à-dire le conseil qui gouvernait chacune des corporations d'arts et métiers ; il affranchit de la lettre de maîtrise et de l'autorisation légale exigée pour l'exercice d'un métier. Les corporations avaient, il est vrai, dégénéré, soit par l'usage que les jurandes faisaient de leur autorité, soit par l'ingérence abusive des pouvoirs publics, soit par l'excès du monopole et des privilèges. Turgot disait : « La source du mal est dans la faculté même accordée aux artisans d'un même métier de s'assembler et de se réunir en corps. » Il faisait dire au roi : « Nous devons à tous nos sujets la jouissance pleine et entière de leurs droits; nous devons surtout cette protection à cette classe d'hommes qui, n'ayant de propriété que leur travail et leur industrie, ont d'autant plus le besoin et le droit d'employer dans toute leur étendue les seules ressources qu'ils aient pour subsister. » Il attaque donc le droit de réunion professionnelle, et il le détruit; il remplace l'organisation du travail par l'individualisme, et il retire aux ouvriers toute possibilité de s'unir et de se concerter.

Avec une égale hostilité contre toute association des gens de même métier, la Constituante reprit l'édit de Turgot. L'article 7 de la loi de juin 1791 défend aux citoyens, sous quelque prétexte que ce soit, de s'associer pour leurs prétendus intérêts communs.

Que faisaient donc les corporations? Elles réglementaient le travail, et le soumettaient à certaines autorisations. Comme elles étaient animées de l'esprit chrétien, elles tâchaient de rester fidèles aux lois de Dieu et de l'Eglise. Avec la liberté absolue, du côté de Dieu et du côté des hommes, on n'a pas réformé l'organisation, mais on a supprimé les règlements protecteurs avec les règlements restrictifs, et l'on a fait de l'individualisme l'état normal de l'activité professionnelle. En affranchissant les ouvriers de toute autorité et de toute discipline, on leur a enlevé tout lien durable avec ceux de la même condition. Enfin, on a divisé les classes, et comme elles ne veulent plus se connaître, elles semblent être aujourd'hui séparées par un abîme.

« L'indépendance individuelle qui a été faite à l'ouvrier, dit M. Kolb-Bernard, est restée l'isolement, l'isolement en face des besoins impérieux de chaque jour, de la nécessité de vivre et de l'incertitude du lendemain... C'est de cette condition précaire, incertaine, que sortit pour l'ouvrier une dépendance nouvelle et étroite, la dépendance du salaire, qui a pu faire dire, en un certain sens et en une certaine mesure, que la liberté du travail avait eu pour corollaire la servitude des travailleurs » (1). Michelet appelait notre siècle « l'âge de fer du travail ». On connaît les sombres tableaux tracés par Jules Simon dans son livre de *l'Ouvrière*. Mgr Bougaud, dans *le Christianisme et les temps*

(1) Discours de M. Kolb-Bernard, cité par M. Bourgeois dans *les Coalitions et les grèves*.

présents, s'exprime ainsi : « Rien de plus précaire que le sort de l'ouvrier, il s'en tire à la condition de n'être jamais malade et que la société ne le soit pas non plus. La moindre maladie ou de lui, ou de sa femme, ou de ses enfants, la moindre crise politique, le moindre chômage, le jette dans la misère. Refaisons nos lois sur l'agriculture, sur l'industrie. Ne nous résignons pas à cet état inhumain, anti-chrétien, où l'homme, où la femme qui travaillent ne puissent pas vivre. Ce sont des horreurs qui n'ont pas droit d'être. » Puis, rappelant le mot sinistre de Pitt aux négociants anglais : « Prenez les enfants », Mgr Bougaud ajoute ces réflexions : « Combien plus coupables encore ceux qui prirent les femmes, ceux qui ouvrirent à la misère de la fille des villes, à l'aveuglement de la paysanne, la ressource funeste d'un travail exterminateur et la promiscuité de la manufacture ! Qui dit la femme dit l'enfant ; en chacune d'elles qu'on détruit, une famille est détruite, plusieurs enfants peut-être, et l'espoir des générations à venir... Depuis surtout l'invention des machines à coudre, à filer, à broder, l'ouvrière succombe aux excès du travail, et ce travail disproportionné ne lui donne pas même le moyen de vivre. Mais alors que deviennent les ouvrières ? Elles essaient de faire deux journées en une, en travaillant jusqu'à dix-huit heures par jour ;.. elles restent à l'ouvrage pendant la nuit, à l'époque des grandes commandes, mangent en travaillant, et se contentent de quelques heures de sommeil dans un coin de l'atelier sans se déshabiller. Mais combien peu résistent longtemps à cette privation de sommeil, et à cette application prolongée ! Alors que deviennent-elles ? Elles ne font pas grand bruit. On ne les verra pas, comme l'ouvrier coalisé et robuste, le maçon, le charpentier, organiser une grève menaçante et dicter des conditions. Elles meurent de faim ou de phtisie, voilà tout. Mais celles qui ne consentent pas à mourir ainsi ? Elles descendent le soir dans la rue. »

Ce tableau est d'autant plus affreux qu'il nous retrace l'histoire d'un plus grand nombre d'infortunées. Voilà où conduisent l'individualisme et la liberté excessive, qui est plutôt celle de mourir que celle de vivre. Nous verrons bientôt le rôle important que la jeune fille doit avoir dans la corporation chrétienne, c'est pourquoi nous avons fait à son sujet une si longue citation.

Mais pendant que l'ouvrière se meurt ou se vend, la grande dame, qui ne la connaît pas ou la prend pour une esclave à ses ordres, fait de l'individualisme à sa manière. Elle passe la première partie de ses nuits au théâtre, et la seconde à en rêver. Quant à sa journée, après la toilette et quelques frivolités, elle vaut puis ce qu'elle peut. D'autres, un peu moins païennes, ou plutôt n'ayant de la religion que les pieuses apparences, profitent de la matinée pour s'étaler quelques instants dans une église. Là, bien fourrées, bien chaussées, bien gantées, un livre doré entre les doigts les plus effilés, les pieds sur un calorifère, elles remercient le bon Dieu de n'être pas comme le reste des autres femmes. Pensent-elles aux ouvrières qui se consument? Peut-être, en imagination. Dans tous les cas, il en est trop qui n'y pensent pas assez longtemps. D'ailleurs, sur plusieurs de ces points, le sexe faible n'a rien à rendre au sexe fort; à égalité de condition, ils ont à l'égard des travailleurs mêmes sentiments et mêmes allures. O sein d'Abraham, il se creuse de plus en plus, le chaos qui te sépare des riches et des grands sans pitié et sans cœur ! On objecte, il est vrai, que les riches ont bien leurs peines ; ce qui revient à dire qu'il y a des croix d'or et des croix de bois ; seulement le poids des unes fait vivre, et le poids des autres tue, pas d'autre différence. En dehors du christianisme, et même un peu dedans, le choix serait vite fait, si on avait ce choix.

Bien différentes étaient les conditions du travail avec les corporations. Elles réunissaient les maîtres et les ouvriers ; elles établissaient entre eux des intérêts communs, elles donnaient aux travailleurs un appui et une force ; elles formaient un lien, sans autre contrainte que la discipline nécessaire à toute société humaine. Elles réglaient les conditions de la production, ce qui rendait très faciles les rapports entre supérieurs et inférieurs. Mais aujourd'hui les règlements sont toujours à refaire entre chaque maître et chacun de ceux qu'il emploie. Quand les accords individuels cessent, la lutte remplace l'entente et l'harmonie. Alors, l'antagonisme des classes ne peut que s'aggraver ; il produit les grèves, les coalitions, les sociétés secrètes, puis c'est l'Internationale, et l'on finit par l'anarchie. Voilà pour la classe ouvrière ; elle menace terriblement l'autre.

La liberté absolue du travail n'a pas été accordée seulement aux ouvriers. La lutte se poursuit entre les patrons, commerçants et industriels, par la libre concurrence, qui les met en fièvre, et les expose au danger permanent de se ruiner. Comme de leur sort dépend celui des travailleurs, la guerre entre eux devient une guerre sociale. La libre concurrence se meut sur tout le marché, qui s'étend sur le monde entier. Le succès de telle ou telle industrie, de tel ou tel commerce, dépend en quelque sorte d'un jeu, car une guerre suscitée ou une récolte manquée à mille lieues d'un établissement prospère, peut parfaitement le ruiner. La spéculation devient, dans une certaine mesure, un calcul de chances, où les qualités du spéculateur ont peu d'importance. Tout dépend du capital, tout repose sur le capital-argent. Celui qui n'en a pas doit sombrer. Quant à l'ouvrier, sa vie dépend de ce jeu, où il ne peut prendre part. Il n'a évidemment rien si le patron se ruine ;

et, s'il fait fortune, il n'a toujours que son modique salaire. Le petit capitaliste même est terriblement exposé. L'or est tout, celui qui en a beaucoup supporte les crises, celui qui en a peu y succombe. Ainsi, la concurrence effrénée, fruit de l'individualisme révolutionnaire, ne connaît pas d'autre dieu que l'or, ou le capital-argent, si l'on préfère ce terme. Celui qui ne peut pas l'encenser est destiné à périr, ou à pâtir sans espérance.

La liberté entendue dans le sens des réformateurs de 1776 et de 1791, repose donc sur un principe matérialiste, ne donnant à l'activité humaine d'autre but que la richesse et les biens de ce monde. L'individualisme qui en est le fruit, en isolant les travailleurs, en les séparant des patrons, en divisant ceux-ci, produit le paupérisme et la misère ; il détruit toute idée de justice et de charité, et il excite partout la guerre avec l'égoïsme. Au contraire, l'association, la corporation chrétienne, en rapprochant les hommes et les classes, leur apprend à s'entr'aider et à s'aimer. Elle concilie tous les intérêts, elle est un gage de sécurité pour tous. L'histoire du passé le prouve, l'avenir doit le démontrer de nouveau.

CHAPITRE II

L'ASSOCIATION EST DE DROIT NATUREL
POURQUOI L'ÉGLISE A TOUJOURS ÉTÉ FAVORABLE
A LA CORPORATION

L'INDIVIDUALISME contredit la nature humaine dans ses droits les plus légitimes. L'association est en effet de droit naturel. Ecoutons sur ce sujet le magnifique enseignement de Léon XIII, qui nous dit : « L'expérience quotidienne que fait l'homme de l'exiguïté de ses forces l'engage et le pousse à s'adjoindre une coopération étrangère. C'est dans les saintes Lettres qu'on lit cette maxime : *Il vaut mieux que deux soient ensemble que d'être seul, car alors ils tirent avantage de leur société. Si l'un tombe, l'autre le soutient. Malheur à l'homme seul ! car lorsqu'il sera tombé il n'aura personne pour le relever.* Et cette autre : *Le frère qui est aidé par son frère est comme une ville forte.* De cette propension naturelle, comme d'un même germe, naissent la société civile d'abord, puis, au sein même de celle-ci, d'autres sociétés qui, pour être restreintes et imparfaites, n'en sont pas moins des sociétés véritables... De ce que les sociétés privées n'ont d'autre existence qu'au sein de la société civile, dont elles sont comme autant de parties, il ne suit pas, à ne parler qu'en général, et à ne considérer que leur nature, qu'il soit au pouvoir de l'Etat de leur dénier l'existence. Le droit à l'existence leur a été octroyé par la nature même, et la société civile a été instituée pour protéger le droit naturel, non pour l'anéantir (1) ».

L'homme a donc le droit de s'associer à l'homme, l'ouvrier à l'ouvrier. Il tient ce droit de la loi naturelle, supérieure à toutes les lois humaines ; ni l'Etat, ni aucun maître, ne peut lui en refuser l'exercice. En proclamant les droits de l'homme, la Révolution a oublié le plus précieux de tous, celui de s'unir à ses semblables ; en abolissant les privilèges, elle en a constitué un en faveur du maître,

(1) *De Conditione opificum.*

du riche, que la fortune rend libre de s'entendre ou non avec les autres hommes.

Ce qui importe dans l'ordre social, c'est que chacun et chaque chose y soit à son rang. *Ordo est parium dispariumque rerum sua cuique tribuens dispositio*, dit saint Augustin. L'organisation du travail doit avoir pour base non les droits de l'homme, mais le droit absolu de Dieu sur l'homme, sur la société, ensuite le droit naturel d'association, conformément aux lois de Dieu.

Mais quel est sur la terre l'interprète des droits de Dieu? C'est l'Eglise qu'il y a établie, l'Eglise catholique, fondée par Jésus-Christ, le premier des maîtres et le plus parfait des ouvriers.

Fidèle à sa mission, l'Eglise s'occupe des intérêts spirituels et matériels de l'humanité, en conservant aux uns et aux autres le rang marqué par les droits de Dieu. Dépositaire des enseignements divins, elle nous apprend que Dieu lui-même a institué le travail, qu'il en a déterminé la forme en créant le monde par degrés, prenant, quittant et reprenant son œuvre, pour se reposer le septième jour; qu'il l'a réglementé, l'ayant voulu libre au paradis terrestre, puis obligatoire après le péché; qu'il a commué la punition de l'homme en lui prescrivant de se reposer un jour chaque semaine; enfin qu'il a institué les puissances temporelles pour le représenter et faire exécuter ses lois. « Le prince est le ministre de Dieu pour le bien (1) », dit saint Paul. Les souverains n'ont de droits sur leurs sujets qu'autant qu'ils ont l'obligation d'en prendre soin. Contrairement aux théories sur la bonté native de l'homme et son entière liberté, l'Eglise nous rappelle aussi que les tendances de l'humanité sont mauvaises depuis la chute originelle. Si l'humanité penche naturellement vers le mal, les organisateurs du travail doivent chercher un point d'appui en dehors de l'humanité. L'Eglise offre ce point d'appui, qui n'est autre que la foi chrétienne, la grâce de Dieu, la force et les lumières de l'ordre surnaturel. Parce que l'Eglise est seule à posséder ce point d'appui, elle seule peut organiser le monde du travail et lui rendre la paix.

Si du droit d'organiser nous passons au

(1) Rom., XIII, 4.

fait, l'Eglise a donné ses preuves. Société elle-même, et la plus ancienne, la plus considérable de toutes, elle a tiré de son sein des associations de toute espèce, pour tous les goûts, tous les sexes, toutes les vocations, tous les âges, tous les besoins des peuples : ordres religieux et confréries, communautés d'hommes et de femmes, corporations ecclésiastiques, laïques, aristocratiques, populaires, agricoles, industrielles, commerciales, scientifiques, ouvrières, artistiques, hospitalières, militaires, enfin rien ne lui a manqué. Elle doit cette fécondité merveilleuse à l'Esprit de Dieu qui l'anime, et qui lui inspire le dévouement, l'amour, la douceur, la force, le génie de l'ordre et de la discipline. A ses yeux, la fraternité et la solidarité sont des devoirs. Ainsi, elle a tout ce qu'il faut pour réunir ceux qui veulent l'écouter. Le Christianisme qu'elle prêche, est donc l'opposé de l'individualisme. Tout en lui engage les hommes à s'aimer comme des frères.

Mais l'Eglise n'est pas seulement l'interprète des droits de Dieu sur la société, elle est encore une mère tout occupée du soin de ses enfants. Elle a même, comme toutes les mères, une prédilection marquée pour les plus faibles et les plus malheureux. C'est pourquoi elle n'a jamais rien négligé pour adoucir la situation de ceux qui souffrent, pourquoi elle a toujours déployé le plus grand zèle pour associer les ouvriers, réunir leurs forces et les diriger sagement vers un but déterminé, le véritable bien de tous et de chacun, pour incliner vers eux le cœur du riche et du maître, pour engager tous ceux que leur situation et leurs talents rendent plus heureux, à venir au secours des humbles et des petits. C'était bien la mission qu'elle avait reçue de Dieu. En l'accomplissant avec une charité infinie, elle a procuré aux sociétés chrétiennes la paix et la part de bonheur qu'elles pouvaient espérer en ce monde. Maintenant, sûre de son passé, elle veut ramener ses enfants à la saine tradition, qu'ils ont abandonnée et trop méprisée. Nous devons tous l'aider à reconstituer ces associations professionnelles, qu'elle inspirait autrefois, en les appropriant aux circonstances que leur impose notre époque. Ce sera faire usage de notre droit, et rétablir celui de Dieu.

CHAPITRE III

DIFFÉRENCE ESSENTIELLE ENTRE LES CORPORATIONS D'AUTREFOIS ET LES SYNDICATS D'AUJOURD'HUI

Le retour des idées vers l'association ne pouvait manquer de se produire, puisqu'il s'agit d'un droit naturel. On ne violente pas éternellement la nature. D'ailleurs, l'individualisme, étroit comme l'égoïsme auquel il est allié, devait amener une réaction. Elle se fait non seulement en France, mais encore dans les autres pays qui avaient subi l'influence de ses théories révolutionnaires. Comment s'opère-t-elle, quel esprit l'anime ? Ce n'est pas celui des anciennes corporations, esprit de religion et de soumission aux pouvoirs légitimes. Ces sociétés, malgré tous leurs défauts, avaient fait à Dieu sa place dans leurs statuts et règlements. Elles connaissaient la parole du Sauveur : *Quærite primum regnum Dei*, « cherchez d'abord le royaume de Dieu », et cette parole leur aidait à concilier les droits et les devoirs. Ordinairement établies sous le patronage de l'Eglise, elles donnaient de la sécurité pour le temps présent, et garantissaient l'avenir.

Cependant, tout en elles n'était pas de la docilité. Elles ne supportaient la tutelle de l'Etat que jusqu'à un certain point ; sans vouloir s'en affranchir, elles n'eussent pas consenti à être absorbées par lui. Il n'y avait pas encore de socialisme d'Etat, on y tendait seulement, d'abord sans vouloir s'en rendre compte. Tant que l'intervention des pouvoirs publics ne fut pour elles qu'une protection et une garantie de l'ordre, les corporations n'avaient pas à la repousser. Mais lorsque cette intervention devint de l'ingérence, l'institution ne tarda pas à péricliter. Lorsque, par exemple, le fisc se mit à leur faire payer, et même très cher, leurs privilèges et leur monopole, la décadence fut prochaine. Quand enfin l'action mécanique de l'Etat s'opposa à l'activité intérieure de ces organes sociaux, la ruine devint fatale. Il n'en est pas moins vrai que leur foi et leur charité, leur soumission à

Dieu et à l'Eglise, leur respect envers les puissances temporelles, leur sage réglementation du travail et sa protection, firent de leur influence la plus heureuse qu'ait éprouvée l'ancien régime. Pour ce qui était de leurs statuts, ils ne pouvaient procéder que du principe vital qui soutenait l'œuvre. Mais les statuts ne sont guère que la forme ou le corps d'une association, son action vient de l'âme qui fait vivre le corps.

Avec les corporations avait disparu l'esprit qui leur donnait la force et la vie. La révolution, ne reconnaissant plus que les droits de l'homme, laissa ignorer les droits de Dieu aux générations nouvelles. Ces générations, il est vrai, se sont partagées en deux camps, les unes cherchent à faire triompher les principes de la Révolution, les autres ceux de l'Eglise. La lutte entre elles est loin de s'apaiser, elle est même si vive en France, que l'on se demande avec inquiétude qui l'emportera des fils de la Révolution, ou des fils de l'Eglise.

Quoi qu'il advienne de ce combat, les associations renaissent de toute part. Que sont-elles ? On en trouve bien quelques-unes ayant l'esprit de fraternité évangélique ; mais elles sont bien peu nombreuses en face des syndicats ouvriers, qui se forment, partout, en dehors de l'Eglise.

Les syndicats constitués de nos jours ne s'occupent pas des droits de Dieu sur le travail, ils ne les reconnaissent pas ; s'ils ne les attaquent point, ils veulent au moins leur être étrangers. Il peut y avoir des exceptions, mais nous parlons de l'immense majorité. Ces syndicats, par conséquent, n'admettent aucune action de l'Eglise à leur égard. Quant aux pouvoirs civils, légitimes ou non, ils entendent rester indépendants vis-à-vis d'eux, ils prétendent même les plier à leurs exigences s'ils le jugent utile à leur cause. La charité, la douceur, l'obéissance évangélique, sont pour eux des vieilleries qui ne sauraient les intéresser.

Avec de telles idées, ils ont faussé la liberté d'association. Au lieu d'en user pour le bien de tous et l'avantage de chacun, ils s'en servent pour devenir les maîtres de la société, qu'ils veulent conduire à leur guise. N'ayant rien de l'esprit chrétien pour aimer la concorde et la paix, ils nous apportent la guerre, et c'est pour la soutenir qu'ils enrégimentent partout des adeptes, ouvriers des deux sexes, qu'ils les excitent, qu'ils les préparent à l'assaut du capital et de la propriété par une agitation continuelle, et qu'ils s'en vont, comme le dit si bien M. A. Leroy-Beaulieu, « chercher des alliés par delà nos frontières, jusque chez les ennemis de la France » (1).

Il n'y a pourtant pas longtemps que les syndicats ouvriers ont obtenu dans notre pays le droit de vivre, qui ne remonte pour eux qu'à l'année 1884. Ne doit-on pas s'inquiéter d'un développement si rapide et si mal dirigé ? Tout en condamnant l'ancien état de choses, en le couvrant de leur mépris, les syndicats veulent redevenir des associations obligatoires, exclusives et oppressives, refaire du travail et de l'industrie un privilège et un monopole, mettre le capital à leur disposition et le Pouvoir à leur service. Si l'on continue à les écouter, à leur céder le terrain, si l'on ne ferme pas la bouche à leurs patrons en vogue, quêtant dans les provinces le siège qu'ils veulent occuper dans la capitale, si l'on est toujours assez niais pour remettre leur

(1) *La Papauté, le socialisme et la démocratie*, page 199.

peine aux meneurs une fois la grève terminée, si on ne les intimide pas, en un mot, si on ne les arrête point, ils finiront par devenir les maîtres de l'atelier, de l'usine, de l'industrie, du commerce, des fonds et tréfonds, les maîtres partout, jusqu'à ce qu'enfin, l'anarchie ayant tout dévoré avec eux, il apparaisse un vrai maître qui, le sabre en bonne et forte main, dira à tous les syndiqués qu'il met la liberté sous clef. La croix ferait mieux que le sabre, mais il est plus facile de la repousser. Pourtant, il faudra l'un ou l'autre, probablement les deux. Les syndicats ne s'en multiplient pas moins. « Les étendards sous lesquels ils se rangent, comme le dit si éloquemment M. A. Leroy-Beaulieu, ne sont pas les mystiques *Vexilla regis* et le drapeau de la croix arboré sur le Calvaire. Leur étendard de prédilection, encore enroulé dans un étui en attendant l'heure de le déployer et de le faire flotter au vent sur les monuments de nos capitales, c'est le drapeau rouge, et, pour eux, le rouge, l'écarlate, qui semble teint dans le sang, n'est pas la couleur de l'amour qui est plus fort que la mort, ni l'emblème de la charité qui sait donner sa vie, mais la couleur de la haine et l'emblème de la lutte des classes, qui ne reculera pas devant un fleuve de sang » (1).

Les tendances antisociales des syndicats ont ému l'Eglise. Parlant de ces associations et autres similaires, Léon XIII s'exprime ainsi : « Elles obéissent à un mot d'ordre également hostile au nom chrétien et à la sécurité des nations ; après avoir accaparé toutes les entreprises, s'il se trouve des ouvriers qui se refusent à entrer dans leur sein, elles leur font expier ce refus par la misère. » Il exhorte les ouvriers à ne pas « donner leur nom à des sociétés dont la religion a tout à craindre », mais à « s'organiser eux-mêmes et à joindre leurs forces pour pouvoir secouer hardiment un joug si injuste et si intolérable ». C'est ce que doivent faire sans hésiter, dit le Pape, « ceux qui ne veulent pas exposer le souverain bien de l'humanité au péril le plus imminent » (2). Le chef de l'Eglise redoute donc pour la société le despotisme des syndicats, et il condamne leurs violences. S'il

---

(1) *La Papauté, le socialisme et la démocratie*, page 198.
(2) *De Conditione opificum*.

déclare que l'association professionnelle est nécessaire à la réforme sociale, il entend qu'elle ne soit pas obligatoire, ni exclusive, ni oppressive. Il lui interdit de rien entreprendre contre l'ordre et la justice; sinon, il veut « que l'autorité publique intervienne alors, et que, mettant un frein aux excitations des meneurs, elle protège les mœurs des ouvriers contre les artifices de la corruption, et les légitimes propriétés contre le péril de la rapine » (1).

Cependant, il ne faut pas conclure de ces considérations que tous les syndicats soient condamnables. Nous allons même voir Léon XIII en conseiller une forme, en l'appuyant sur d'autres principes. Mais il est inutile de faire ici une théorie particulière sur cette espèce de société. Justement modifiée, elle trouvera sa place dans les nouvelles corporations dont nous avons à parler.

(1) *De Conditione opificum*.

CHAPITRE IV

FAUT-IL DÉSIRER LE RETOUR DES CORPORATIONS D'AUTREFOIS ? — PEUT-ON ESPÉRER CE RETOUR ?

La question sociale est entre les mains des maîtres et des ouvriers. Écoutons d'abord cet enseignement de Léon XIII : « Les maîtres et les ouvriers peuvent singulièrement aider à la solution, par toutes les œuvres propres à soulager efficacement l'indigence et à opérer un rapprochement entre les deux classes. De ce nombre sont les sociétés de secours mutuels, les institutions diverses dues à l'initiative privée, qui ont pour but de secourir les ouvriers, ainsi que leurs veuves et leurs orphelins, en cas de mort, d'accidents ou d'infirmités ; les patronages, qui exercent une protection bienfaisante sur les enfants des deux sexes, sur les adolescents et sur les hommes faits. Mais la première place appartient aux corporations ouvrières, qui, en soi, embrassent à peu près toutes les œuvres. Nos ancêtres éprouvèrent longtemps la bienfaisante influence de ces corporations ; car tandis que les artisans y trouvaient d'inappréciables avantages, les arts, ainsi qu'une foule de monuments le proclament, y puisaient un nouveau lustre et une nouvelle vie (1) ». Voilà bien des raisons pour désirer le rétablissement des corporations : elles aideront beaucoup à résoudre la question sociale en rapprochant les maîtres et les travailleurs ; elles peuvent, comme autrefois, exercer sur la société une très heureuse influence ; elles doivent procurer aux artisans « d'inappréciables avantages »; elles sont capables de donner aux arts « un nouveau lustre et une nouvelle vie ».

Dans ce siècle, que l'on pourrait appeler *le siècle de la nouveauté,* on a tout essayé sur le terrain économique. Jamais on n'a vu tant de sociétés de secours, de caisses d'épargne, de caisses de retraite ; jamais on n'a fait plus de sacrifices pour l'instruction populaire ; et jamais on n'a vu tant de misères, des cri-

(1) *De Conditione opificum.*

mes si nombreux, tant de gens qui se plaignent et crient. Le *contentus suâ sorte* n'est plus que dans la grammaire, qui n'a jamais contenté personne. Que faire donc? se retourner vers le passé, lui emprunter ce qu'il avait de bon et laisser le reste, il y aura encore beaucoup de choses à prendre et à rapprendre ; refaire surtout, en les modifiant, ces associations professionnelles qui ont, durant plusieurs siècles, donné aux peuples la paix et la sécurité.

Mais la paix sur la terre, au moins pour les hommes de bonne volonté, dépend du règne social de Jésus-Christ, qui disait : « Je ne vous donne pas la paix comme le monde la donne » ; celle qu'il apporte est la paix des enfants de Dieu. Or, un enfant doit connaître son père. Il faut donc apprendre aux ouvriers qu'ils ont un Père dans le ciel, et aux patrons qu'ils y ont aussi un Maître. Cela fait, l'entente est très possible. C'est pourquoi il est absolument nécessaire d'organiser chrétiennement le monde du travail, en y établissant les associations professionnelles. Dans les siècles de foi, on n'avait pas à lutter contre des maux aussi effrayants que ceux de notre époque.

La Religion était gravée dans le cœur des enfants, la famille était fortement constituée, l'autorité était respectée, les traditions étaient gardées. Les corporations avaient donc à conserver les mœurs plutôt qu'à les former. Aujourd'hui, la foi s'éteint et disparaît ; on en parle encore dans le grand et dans le demi-monde, mais surtout pour se plaindre de ce qu'elle manque dans le monde inférieur, et celui-ci s'en moque, parce qu'il voit très bien que les supérieurs ne s'en servent pas. Les traditions sont méprisées, la famille menace de se dissoudre, chacun revendique des droits, peu tiennent au devoir. Qui donc remontera ce grand corps qui se disjoint ? ceux qui sauront et pourront unir ses membres par le lien des associations. Il n'y en pas d'autre assez fort, encore faut-il qu'il soit tendu par la Religion.—

L'association chrétienne peut satisfaire à tous les besoins légitimes des ouvriers et des maîtres, des grands et des petits, parce qu'elle s'occupe des intérêts spirituels et matériels des uns et des autres. Ainsi a toujours fait l'Eglise, qui l'a constamment protégée. Si, vu certains abus qui se glissent dans les meilleures institutions, et certaines circonstances, elle a supprimé pour un temps, en tel ou tel pays, des corporations, comme le fit Pie VII, par ses *motibus propriis* des 3 septembre 1800, 11 mars et 16 décembre 1801, pour les « Universités » (c'était le nom) industrielles et commerciales de Rome, elle s'est hâtée de les reconstituer dès que les circonstances l'ont permis. Le 14 mai 1852, Pie IX, par un *motu proprio*, rétablissait à Rome les « Universités » industrielles et commerciales, comme « le meilleur moyen d'assurer le véritable bien des âmes de ses sujets, sans négliger leurs intérêts privés », disait-il. Mais il laissait à la liberté du commerce et de l'industrie, réclamée par un nouvel état social, ce qu'elle peut avoir de juste et de pratique. « L'état actuel de la société et des législations, disait-il encore, nous interdit absolument de tourner nos pensées vers le rétablissement des anciens systèmes de privilèges en faveur de classes déterminées de commerçants et d'industriels. » Cependant, il espérait que leur union changerait « l'insouciance d'un grand nombre en une préoccupation plus vive de leurs intérêts spirituels »(1).

(1) *De Conditione opificum.*

Le soin des intérêts matériels que prennent les corporations, fait aussi désirer leur retour. Les ouvriers ont besoin de trouver en elles le bien-être qui leur manque. Malheureusement, le plus grand nombre des œuvres établies dans ces derniers temps n'ont atteint cette classe d'hommes que par le côté religieux ou honnêtement récréatif. L'homme ne vit pas seulement de pain, mais il lui en faut. On ne s'est pas assez occupé de la famille du travailleur, de ses enfants; on ne lui a pas rendu la vie plus facile, on ne l'a pas suffisamment retenu contre les entraînements de ses ennemis, on n'a pas fait entrer tous les membres de sa famille dans la vie corporative. Alors, voyant qu'on le chargeait de devoirs religieux dont il ne comprenait plus rien, ou que l'on ne songeait qu'à l'amuser de telle façon plutôt que de telle autre, il a renoncé à ces amusements plus ou moins fades, et dans ce renoncement il a englobé tout le sérieux de la vie chrétienne. Il faut songer un peu plus au corps et à ses besoins, quand on veut agir fortement sur les âmes.

Un autre avantage des corporations, particulièrement décisif, c'est qu'il leur appartient probablement de résoudre la grande question du salaire, qui préoccupe les économistes de toute école. Elles ont, en tout cas, plus de chances de trouver la solution, que les conseils d'arbitrage, dont on fait tant de bruit. Ce qu'il y a de certain, c'est qu'il ne faut pas demander cette solution à l'Etat.

Appliquées à procurer les biens de l'âme et du corps, les corporations donnent à leurs membres une grande force pour combattre les ennemis qui cherchent à perdre l'un et l'autre. Elles engagent dans la bonne voie toutes les bonnes volontés, et les y maintiennent. Elles rendent la liberté de bien faire aux pusillanimes, que tourmente le respect humain ; enfin elles peuvent affermir dans la vertu ceux qui en ont déjà l'habitude.

D'ailleurs, nous avons vu que les associations sont en voie de se multiplier en dehors de l'Eglise et de son action. Si donc les partisans de l'Eglise, ou plutôt ses fidèles amis, ne se mettent pas à l'œuvre, et sans délai, nous verrons bientôt les corporations enlacer les ouvriers du monde entier, et les tourner contre Dieu et la société, celle-ci n'étant pas possible sans Dieu.

Puisque les bienfaits des associations professionnelles sont d'un prix si élevé, et que le besoin s'en fait si impérieusement sentir, il est évident qu'on ne saurait trop en DÉSIRER le retour. Mais peut-on l'ESPÉRER ? La réponse paraît être facile. Le droit de s'associer a été donné à l'homme par la nature même, avons-nous dit ; la sociabilité de l'homme même le réclame ; il faut donc penser que ce droit triomphera de tous les obstacles, car rien de ce qui est naturel ne peut être étouffé, que les législateurs de toute robe en soient bien convaincus. De plus, le mouvement est plus qu'imprimé, il est même terriblement lancé, puisqu'il agite le monde. Ce qui importe, c'est la direction.

Pour diriger ce mouvement, cette évolution du monde vers l'association, il faut considérer ce qu'est aujourd'hui la société, ses aspirations, ses besoins, ses ressources, sa puissance, et tenir le plus grand compte de ses nouvelles conditions. A un état social nouveau il faut des institutions nouvelles. De nos jours, on ne saurait supporter ni tolérer ce qu'il y avait de défectueux dans les corporations de l'ancien régime. Le monopole, les privilèges, qui coûtaient si cher, et dont par conséquent le fisc et les financiers du temps avaient encore plus besoin que les ouvriers, l'ingérence des pouvoirs publics dans la réglementation de l'Œuvre pour se l'assujétir, l'autorité abusive des jurandes, la nécessité de la lettre de maîtrise, aujourd'hui remplacée par une patente, ou des diplômes s'il s'agit de professions libérales, enfin une multitude d'abus faisaient de ces institutions des Œuvres caduques, malgré la vie intérieure qui les a si longtemps soutenues. Il en est d'elles comme des vieux chevaliers : ils étaient excellents, mais ils portaient une armure qu'on ne trouve plus de nos jours qu'au musée d'archéologie. Nous admirons la force et le courage de ceux qui s'en revêtaient ; mais eux, laissons-les bien dormir, ils seraient trop étonnés s'ils ressuscitaient.

De ce musée des antiques, entrons dans le sanctuaire des lois économiques, et nous verrons que ce sanctuaire-là n'est pas non plus inviolable. En effet, les lois économiques ne sont pas des lois naturelles à la manière des lois de la physique ou de l'astronomie. Le droit naturel et l'Evangile fournissent assurément des principes immuables ; mais l'application de ces principes doit varier selon les temps, les pays et les peuples. Les lois économiques règlent cette application ; elles ont pour objet d'organiser le monde de *l'utile* selon le droit naturel et les préceptes de l'Evangile ; mais elles doivent toujours avoir en vue les conditions les plus propres à procurer le bien commun, et mêler, s'il se peut, *l'utile dulci*. Ces conditions variant avec le temps et les sociétés, elles doivent se conformer à leurs changements. D'ailleurs, comme le dit M. Elie Blanc, « il ne faut pas espérer une meilleure organisation de la société, si l'on refuse de tendre vers le mieux et le parfait » (1). On peut donc *espérer*, et il faut *désirer* le retour des corporations ; mais si elles nous reviennent en corps et en âme, leur corps au moins doit être tout changé.

(1) *La Question sociale.*

CHAPITRE V

DANS QUELLES CONDITIONS NOUVELLES FAUT-IL CONCEVOIR LES CORPORATIONS?

Les corporations doivent être appropriées aux mœurs de la société. Léon XIII dit à ce sujet : *eruditiore nunc ætate, moribus novis, auctis etiam rebus quas vita quotidiana desiderat, profecto sodalitia opificum flecti ad præsentem usum necesse est.* « Aujourd'hui les générations étant plus cultivées, les mœurs plus policées, les exigences de la vie quotidienne plus nombreuses, il n'est point douteux qu'il faille adapter les corporations à ces conditions nouvelles » (1).

Le Pape veut bien nous dire quelles sont les conditions nécessaires, de tout temps, aux associations professionnelles, et celles qu'exigent les corporations modernes.

(1) *De Conditione opificum.*

Après avoir démontré le droit qu'elles ont naturellement à l'existence, il détermine celui des pouvoirs publics à leur égard.

Il veut que l'Etat protège ces institutions, mais il lui défend de s'ingérer dans leurs affaires. « Que l'Etat, dit-il, ne s'immisce pas dans leur gouvernement intérieur, et ne touche point aux ressorts intimes qui leur donnent la vie ; car le mouvement vital procède d'un principe intérieur, et s'arrête facilement sous l'action d'une cause externe » (1).

Cette indépendance avait fini par manquer aux corporations d'autrefois ; on peut même affirmer qu'elle leur avait toujours plus ou moins fait défaut. Henri III avait donné à l'institution l'étendue et la forme d'une loi générale, par son édit de décembre 1581. Il avait établi les arts et métiers en corps et en communautés dans toutes les villes du royaume. Il avait *assujéti* à la maîtrise et à la jurande *tous* les artisans. C'était rendre la corporation tout à la fois obligatoire pour les ouvriers, dépendante de l'Etat, qui était en dehors, et des jurandes prises dans son sein. Les privilèges, statuts, règlements divers, assujétis aux

(1) *De Conditione opificum.*

pouvoirs pour une trop large part, mettaient l'association sous l'action de l'Etat. Léon XIII veut que cette action soit limitée à la protection des droits et à la répression des abus, à la garantie de l'ordre public et des règles de la justice. « Si une société, dit-il, en vertu même de ses statuts organiques, poursuivait une fin en opposition flagrante avec la probité, avec la justice, avec la sécurité de l'Etat, les pouvoirs publics auraient le droit d'en empêcher la formation, et, si elle était formée, de la dissoudre » (1).

Le Pape réclame ensuite pour la corporation la liberté de se donner des statuts appropriés à leur but. « Pour qu'il y ait unité d'action et accord des volontés, nous dit-il, il faut évidemment une organisation et une discipline sage et prudente. Si donc, comme il est certain, les citoyens sont libres de s'associer, ils doivent l'être de se donner les statuts et règlements qui leur paraissent les plus appropriés au but qu'ils poursuivent » (2). Mais il ne détermine aucun type de règlement. Il repousse la réglementation administrative ; il n'en indique pas

(1) *Ibid.*
(2) *Ibid.*

d'ecclésiastique ; il engage seulement les ouvriers à consulter leurs évêques et leurs prêtres. Il sait que l'uniformité étouffe la vie, et il veut que les associations aient leur vie propre. Lorsque les petits hommes se mettent à réglementer, ils n'en finissent plus; ils font comme les horlogers, qui placent des pivots et des roues partout. Quand les grands hommes s'en mêlent, la liberté humaine est un pivot sur lequel ils ne fixent pas tant de rouages. Après tout, l'homme n'est pas une montre. Léon XIII a ce génie de gouvernement qui se garde d'imposer un seul et même type d'activité, et une seule et même forme d'association. « Nous ne croyons pas, dit-il, qu'on puisse donner de règles certaines et précises pour en déterminer le détail. Tout dépend du génie de chaque nation, des essais tentés et de l'expérience acquise, du genre de travail, de l'étendue du commerce et d'autres circonstances de choses et de temps qu'il faut peser avec maturité » (1).

Il indique cependant certaines formes de sociétés, entre autres les patronages, et surtout les corporations ouvrières.

(1) *De Conditione opificum.*

D'après lui, les patronages « exercent une protection bienfaisante sur les enfants des deux sexes, sur les adolescents et sur les hommes faits » (1). Malheureusement les ouvriers, qui doivent tant aux patronages, ne les admettent que difficilement aujourd'hui, parce qu'ils s'y trouvent dans un rang d'infériorité vis-à-vis des bourgeois et des maîtres. C'est des patronages que M. Harmel écrit : « Le Val-des-Bois a été un exemple frappant du peu de résultats qu'on peut en obtenir dans de tels milieux (2) ». Les enfants et les apprentis les supportent, parce qu'ils sentent leur faiblesse et leur incapacité ; les jeunes filles s'y plaisent, elles s'en font un honneur et un bonheur, parce qu'elles aiment se sentir protégées et tenues, c'est dans leur caractère et dans leur nature ; mais les hommes faits veulent être les égaux de tout le monde, lors même que le travail leur donne à peine du pain, et le pain qui coûte le plus de fatigues n'est pas celui qui adoucit le cœur. Pauvre humilité chrétienne, tu n'arriveras jamais à pacifier la

(1) *Ibid.*
(2) *Manuel de la corporation chrétienne*, p. 148.

terre; cependant tu n'auras rien à faire dans le ciel, où Dieu sera pour tous.

L'association qui semble avoir les préférences du pape, est celle qui comprend à la fois des ouvriers et des patrons; c'est bien là pour lui le type de la corporation ouvrière. Il dit des sociétés mixtes : « Il est à désirer qu'elles accroissent leur nombre et l'efficacité de leur action. » Mais il reconnaît qu'il s'est fondé avec utilité des sociétés « composées des seuls ouvriers ». Il ne s'ensuit pas qu'il faille constituer des syndicats d'ouvriers et des syndicats de patrons, en face les uns des autres. Ce serait former deux camps opposés et provoquer la guerre, comme l'expérience l'a prouvé. Il est même très difficile de concilier les intérêts des deux classes dans des sociétés mixtes, parce que le rapprochement matériel des classes n'exclut pas la défiance. Mettre en présence les intérêts, c'est ordinairement les mettre en opposition.

Pour résoudre une si grande difficulté, plusieurs proposent de constituer dans chaque œuvre un patrimoine corporatif, et des comités d'honneur, formés d'hommes des hautes classes, étrangers à la profession, qui serviraient d'arbitres. Léon XIII parle bien de « masse commune », de « fonds de réserve », mais il ne dit pas que les arbitres doivent être étrangers à la profession. « Afin de parer aux réclamations éventuelles qui s'élèveraient dans l'une ou l'autre classe au sujet de droits lésés, il serait très désirable que les statuts mêmes chargeassent des hommes prudents et intègres, *tirés de son sein*, de régler le litige en qualité d'arbitres », voilà ses paroles. Il se plaît à louer tous « les protecteurs des personnes vouées au travail »,... les fondateurs de « corporations assorties aux divers métiers », tous ceux qui aident les artisans « de leurs conseils et de leur fortune »; mais il laisse au temps et à l'expérience le soin d'indiquer les moyens pratiques de concilier les intérêts, sans préjudice de l'esprit chrétien, auquel il va faire appel. Il donne pour « règle constante et universelle, d'organiser et gouverner les corporations de façon qu'elles fournissent à chacun de leurs membres les moyens propres à lui faire atteindre, par la voie la plus commode et la plus courte, le but qu'il se propose, et qui consiste dans l'accroissement le plus grand possible des biens du corps, de l'esprit et de la fortune » (1).

Cela dit, le pape rapproche la question sociale de la question religieuse. Il affirme « qu'il faut viser avant tout à l'objet principal, qui est le perfectionnement moral et religieux; c'est surtout cette fin qui doit régler toute l'économie de ces sociétés... Que servirait à l'artisan d'avoir trouvé au sein de la corporation l'abondance matérielle, si la disette d'aliments spirituels mettait en péril le salut de son âme ? » (2).

Dieu étant pris pour point de départ, Léon XIII veut que l'on donne « une large place à l'instruction religieuse »;... qu'on porte l'ouvrier à « la piété ;... qu'on le rende surtout fidèle à l'observation des dimanches et des jours de fête, qu'il apprenne à respecter et à aimer l'Eglise.... à lui obéir, à fréquenter les sacrements » (3).

Il fait observer que « la Religion ainsi constituée comme fondement de toutes les lois sociales », il sera facile de résoudre les relations

(1) *De Conditione opificum.*
(2) *Ibid.*
(3) *Ibid.*

mutuelles des hommes, et de concilier les devoirs et les droits réciproques des patrons et des ouvriers. Puis il ordonne de répartir les diverses fonctions de la manière la plus profitable aux intérêts communs, de bien définir les charges et de les distribuer avec intelligence, d'administrer la masse commune avec intégrité, *commune administretur integre*, de former les conseils d'arbitrage dans le sein de la corporation, de pourvoir d'une manière spéciale à ce qu'en aucun temps l'ouvrier ne manque de travail, c'est ce qu'il y a de plus difficile et de plus nécessaire ; d'avoir un fonds de réserve destiné à faire face aux accidents, à la maladie, à la vieillesse et aux revers de fortune. Il déclare alors que « ces lois suffisent pour assurer aux faibles la subsistance et un certain bien-être, pourvu qu'elles soient acceptées de bon cœur (1), *si modo voluntate accipiantur*. Il y a dans ces derniers mots le fond du régime nouveau et une certaine condamnation de l'ancien ; mais c'est le nouveau régime tel qu'il doit être, et non tel que le conçoivent nos syndicats professionnels. Il faut

---

(1) *Ibid.*

que l'association soit libre, que tous ses règlements soient acceptés de plein gré, que nul ne soit contraint d'y entrer, que chacun puisse en sortir si bon lui semble, sans danger pour soi, pour son travail, pour sa famille, pour son avenir. Ainsi, d'un mot, le pape condamne le système oppressif et exclusif avec le monopole des anciennes corporations.

« Comme le cours des choses présente de merveilleuses similitudes », Léon XIII pense que les associations professionnelles, animées de la foi et de la charité, que l'on admirait chez les Chrétientés de la primitive Eglise, trouveront encore dans ces mêmes vertus le moyen de s'acclimater dans nos sociétés modernes; il espère qu'elles seront pour tous un sujet d'édification, et qu'enfin elles montreront ce que peut l'amour soutenu par la foi, et ce que vaut pour le monde la véritable charité.

CHAPITRE VI

BUT ET CARACTÈRES PRINCIPAUX DES NOUVELLES CORPORATIONS

APRÈS avoir entendu les enseignements du chef de l'Eglise, il est plus facile de dire nettement ce que doivent être les corporations.

Elles doivent être des sociétés religieuses et économiques, librement formées et acceptées entre les patrons et les ouvriers de même état ou de métiers similaires, entre les chefs et les subordonnés de même profession ou de professions analogues, industrielles, commerciales, agricoles, scientifiques, artistiques, hospitalières, ou toute autre de genre honnête, dont tous les membres avec leurs familles soient groupés dans diverses associations pieuses et économiques. C'est un seul corps, dont les membres, s'appuyant sur la foi et la pratique catholique, traitent ensemble des intérêts professionnels, en vue du bien-être matériel et moral des associés, avec l'espérance de parvenir un jour au bonheur du ciel.

Les corporations auront pour but : 1° de rendre chrétienne la vie sociale, par les associations religieuses et les pratiques de piété qui les maintiennent ; 2° de travailler au bien-être moral et matériel de leurs membres par une instruction solide, où la Religion ne soit pas séparée de la science professionnelle, et par des institutions économiques appropriées à chaque œuvre ; 3° de rétablir la paix sociale.

La paix de la société dépend de l'union des patrons et des ouvriers, des chefs et subordonnés de tous ordres. Elle dépend aussi de l'union de la famille, de la liberté du bien, et de la charité mutuelle.

Pour unir les patrons et les ouvriers, les chefs et les subordonnés, il faut établir entre eux le règne de la justice, et résoudre chrétiennement la question du salaire et du travail. Pour resserrer les liens de la famille, il faut en réunir le plus possible les membres dans le travail, et les grouper dans les associations pieuses de la corporation. Il importe surtout de protéger la mère et l'enfant, et de relever l'autorité paternelle. On rendra la liberté du bien, si nécessaire à tous, par de sages règlements, capables d'assurer la légitime indépendance de chacun. Enfin la charité se développera avec les rapports plus fréquents et plus affectueux que l'œuvre établira entre les supérieurs et inférieurs de tous degrés.

Nous avons dit qu'il fallait réunir le plus possible dans le travail la famille entière. Rien n'est plus triste que la vie d'un grand nombre de familles, surtout dans les villes. Le père, la mère, les enfants se séparent de grand matin, pour ne se retrouver que vers les huit ou neuf heures du soir, sans parler des retards voulus ou forcés, qui exténuent le corps et l'âme. Chacun est parti de son côté, à son usine, à son magasin, à son atelier. La journée s'est passée dans un labeur presque incessant; le salaire, déjà si minime, a été aux trois quarts dépensé dans quelque misérable auberge du quartier, à l'heure où d'autres, dans les salons en fleurs, devant des tables somptueusement garnies, regrettaient de n'avoir plus faim. Le prolétaire rentre donc dans son triste foyer ; lui, sa femme, ses fils, ses filles, qui se sont quittés le matin à peine éveillés, se retrouvent exténués de fatigue. Alors, pour en finir avec l'angoisse quotidienne, ils vont demander au sommeil l'oubli de leurs maux, las qu'ils sont de les pleurer. Ah! si du moins, avant de s'endormir, ils avaient dit un mot à Dieu qui peut les consoler ! Mais non, il n'en ont pas même l'idée, depuis qu'on ne leur en parle plus.

Qui donc mettra fin à de pareilles misères? D'où viendra le salut? De Dieu? — Sans doute, mais encore? — Le salut viendra de la justice et de la charité, qui referont la famille en l'unissant, qui rallumeront son foyer éteint, qui lui rendront la paix, la force, la vie, un peu de joie enfin, avec les bienfaits de la corporation chrétienne.

Elle sera chrétienne, c'est bien vite dit. Mais comment le sera-t-elle? Quand on a bien déterminé le but d'une œuvre et qu'il est parfaitement connu, on peut exposer assez nettement les caractères de cette œuvre.

Les corporations, pour atteindre le but qui leur est assigné, doivent avoir *six* caractères principaux, qui tiennent précisément à leur nature et se rapportent au but qu'elles doivent poursuivre. M. Harmel a tracé avec une grande netteté d'idées ces caractères, et il les a parfaitement expliqués dans le *Manuel de la corporation chrétienne*. Ce qu'il en dit peut s'appliquer à toute espèce de sociétés professionnelles, si elles sont parfaitement organisées. Sans le citer textuellement, nous le suivrons dans cet exposé, naturellement plus court, qui s'en tient aux principes généraux et à quelques explications.

1° La corporation « doit procéder du sentiment religieux ». — La religion seule peut retenir l'homme dans le devoir, avec le libre concours de sa volonté. Elle seule peut rendre l'association puissante, parce qu'elle l'appuie sur la conscience, et qu'elle étend son action par la charité. C'est ce qui faisait autrefois la force des associations fondées à l'ombre de l'Eglise et protégées par elle.

Nous voudrions pouvoir citer ici les fameuses pages de Louis Blanc sur le régime corporatif au moyen âge. Rappelons au moins quelques-unes de ses paroles, d'autant plus remarquables qu'elles sont d'un ennemi de 'Eglise. « La fraternité, dit-il, fut le sentiment qui présida dans l'origine à la formation des communautés de marchands et d'artisans constituées sous le règne de saint Louis...... Si, en pénétrant au sein des jurandes, on y remarque l'empreinte du christianisme, ce n'est pas seulement parce qu'on les voit promener solennellement leurs dévotes bannières et marcher sous l'invocation des saints du paradis. Ces formes religieuses cachaient les sentiments que fait naître l'unité des croyances. Une passion, qui n'est plus aujourd'hui dans les mœurs ni dans les choses publiques, rapprochait alors les conditions et les hommes, la charité. L'Eglise était le centre de tout. Autour d'elle, à son ombre, s'asseyait l'enfance des industries. Elle marquait l'heure du travail, elle donnait le signal du repos. Quand la cloche de Notre-Dame ou de Saint-Merry avait sonné l'*Angelus*, les métiers cessaient de battre, l'ouvrage était suspendu; et la cité, de bonne heure endormie, attendait le lendemain que le timbre de l'abbaye prochaine annonçât le commencement des travaux du jour. Mêlées à la religion, les corporations du moyen âge y avaient puisé l'amour des choses religieuses, mais protéger les faibles était une des préoccupations les plus chères au législateur chrétien » (1).

La corporation doit donc affirmer son caractère religieux; il est nécessaire que la doctrine n'y subisse pas le moindre compromis, que la vérité et la vertu n'aient pas à se dissimuler. Mieux vaut un homme qui ne dit jamais rien au bon Dieu, qu'un peureux qui se cache pour lui parler; il faut que les règlements généraux et particuliers conduisent ostensiblement à la pratique de la religion. Le libéralisme moderne s'est efforcé d'affranchir la société de l'ordre surnaturel, pour appliquer toutes ses forces à la poursuite des biens terrestres. De là une richesse excessive chez quelques-uns, et une misère affreuse chez les autres. Comme le dit M. Ch. Perrin, « l'aisance du plus grand nombre ne peut être obtenue que dans les sociétés où Dieu occupe le premier rang » (2).

2° La corporation doit « naître de la liberté individuelle ». — Ce deuxième caractère dépend du premier, car la vérité engendre la

---

(1) *Histoire de la Révolution française*, t. I, p. 478.
(2) *De la Richesse dans les sociétés modernes*.

liberté, *veritas liberabit vos*, dit saint Jean (1), tandis que l'erreur entraîne la servitude. Voyez les peuples sans foi, ils ne savent pas se tenir entre l'esclavage aux pieds de la tyrannie, et la révolte insensée contre les puissances légitimes. Entre ces extrêmes, il y a une large place pour la liberté des enfans de Dieu. L'ouvrier, l'artisan, le prolétaire doit comprendre qu'une société comporte des maîtres, divers degrés d'autorité, plusieurs places au soleil, enfin qu'un monde où personne ne se gênerait, serait un monde où personne ne serait à son aise. Mais il doit savoir aussi qu'il est libre d'entrer dans une corporation et libre d'en sortir, sans qu'il lui en coûte, ni à lui, ni à sa famille. S'il y entre alors, il trouve dans le sentiment de sa liberté et de sa dignité l'énergie nécessaire à l'accomplissement de ses devoirs. Il est même important qu'il ne se voie pas obligé de faire partie de toutes les œuvres annexes, pieuses ou économiques, de la corporation proprement dite; il peut lui suffire de s'associer aux principales; qu'il fasse bien son choix pour les autres et de plein

---

(1) St Jean, viii, 32.

gré, sans qu'on lui en fasse payer les conséquences.

Sur ce point, comme sur beaucoup d'autres, la corporation chrétienne diffère totalement du socialisme, qui est un vaste despotisme, où quelques chefs enchaînent la liberté des travailleurs pour se les assujétir et vivre à leurs frais, de leurs sueurs et même de leur sang. M. Martinet a résumé ce système dans ce mot très juste : « Quelques ogres dévorant en paix l'humanité » (1).

3° La corporation doit « faire participer ses membres au gouvernement intérieur » de l'œuvre. Malheureusement, cette participation est ce qu'il y a de plus difficile à déterminer dans l'institution. Il est certain que la corporation doit se gouverner elle-même, c'est le principe. C'est aussi le moyen le plus efficace d'intéresser tous ceux qui la composent ; chacun considère alors le succès et l'honneur de la société comme le sien propre, ce qui est vrai. Mais comment établir ce gouvernement intérieur ?

Il faut d'abord tenir compte de la diffé-

---

(1) *Solution de grands problèmes*, t. III, p. 417.

rence qui existe entre la situation économique actuelle et celle des siècles précédents. Dans les corporations d'autrefois, le patron ne se distinguait pas de l'ouvrier autant qu'aujourd'hui. Il était presque son compagnon. On n'en était pas à la grande industrie, comme nous disons maintenant. Mais, à notre époque, les agglomérations humaines exigées par cette grande industrie, l'invention et le prix élevé des machines, la nécessité du capital-argent produite par une concurrence sans bornes, ont donné au patron une autorité considérable, qui s'exerce sur un grand nombre d'hommes. Ceci est vrai surtout des corporations industrielles et ouvrières, et ne sont-elles pas les plus importantes dans l'état actuel de notre société? Cependant, la différence que nous observons au sujet de la puissance des maîtres, peut se trouver, jusqu'à un certain point, entre les autres corporations modernes et les anciennes, dans la petite industrie de métier ou d'atelier. Là encore, le patron, le maître est plus qu'il n'était autrefois. Quant aux sociétés agricoles, les chefs du mouvement corporatif doivent être assurément des hommes de grande influence. Le mouvement des importations et exportations lointaines, à la merci des tarifs douaniers, ou livré à la libre concurrence, la nécessité de la fortune pour supporter les crises que la nature ou les événements peuvent produire, donnent à ces chefs et à ces maîtres une puissance incontestable.

Mais alors la difficulté semble s'aggraver. Qui donc gouvernera intérieurement la corporation? Ce qui semble être le plus rationnel, et ce qui paraît admis par les hommes les plus compétents, c'est qu'elle possède un Conseil intérieur. Ce Conseil aura d'abord une action morale : il produira la fusion des volontés, en les appelant en nombre au gouvernement de la chose commune. D'ailleurs, il n'y a rien de précaire et de malencontreux comme le dévouement unique et excessif d'un seul directeur, qui veuille tout faire par lui-même. Il ne peut suffire à tout ; plus il se multiplie, moins il fait, et son zèle paralyse les autres bonnes volontés. D'ailleurs, une œuvre qui ne repose que sur la tête d'un seul homme est forcément instable et n'a rien d'assuré.

Mais le Conseil intérieur, de quels individus

sera-t-il composé? Des hommes de la plus haute compétence, théoriciens et praticiens tout à la fois, tels que M. Harmel, et avec eux toute l'école des Cercles catholiques, veulent que ce Conseil soit composé d'ouvriers. Voici les raisons qu'ils en donnent, nous les résumons. Les ouvriers se connaissent entre eux, les bons et les mauvais; ils s'entendent et se comprennent; ils se font accepter leurs observations mutuelles sans trop de difficultés. Avec le Conseil, ils ont une part très active dans l'œuvre, ce qui relève leur dignité et leur courage personnel. Le Conseil lui-même travaille efficacement par la parole et par le bon exemple, évidemment il faut qu'il soit composé d'ouvriers relativement exemplaires, qui peuvent beaucoup pour la moralisation de leurs semblables; il fait apprécier les mesures prises dans l'intérêt de tous; il tâche d'éviter les malentendus entre les travailleurs et les patrons. Il maintient donc la paix dans l'association.

Comme il est nécessaire de grouper tous les membres de la famille, les hommes éminents dont nous invoquons le témoignage, veulent qu'à cet effet il y ait dans la corporation non seulement des conseillers, mais encore des conseillères, soit pour les questions de piété et les œuvres qui s'y rattachent, soit pour les questions économiques, par exemple, celles qui se rapportent à l'entretien de la vie à bon marché, questions de détail, si l'on veut, mais essentiellement économiques. Ainsi, la famille entière se trouvera saisie par l'Œuvre et s'y intéressera, puisqu'elle prendra part à son administration.

Il est évidemment très utile de stimuler autant que possible le zèle de l'apostolat chez tous les conseillers et conseillères, afin que leur action bienfaisante se fasse sentir dans toutes les familles. Quant à leurs réunions, elles doivent être présidées par le patron, par le maître, ou les maîtres s'il s'agit d'une corporation réunissant les artisans de professions similaires. Ils pourraient être aussi représentés par quelques délégués.

Les économistes qui admettent la nécessité d'un Conseil intérieur d'ouvriers, veulent qu'on établisse en dehors et au-dessus de ce Conseil ce qu'ils appellent « le Comité corporatif », qui en réalité est un comité de patronage. D'après M. Harmel, « ce comité est une association catholique formée dans la classe dirigeante. Il a pour mission de créer et de maintenir dans la classe ouvrière les associations catholiques qui font partie de la corporation, et spécialement le cercle d'ouvriers, qui en est l'élément principal et nécessaire. Il doit comprendre dans son sein un aumônier, quelques patrons de la profession (ou des professions similaires incorporées), le directeur du cercle professionnel, des représentants de la réunion des patrons, de l'association des dames patronnesses et des associations annexes rattachées à la corporation » (1). Comme on le voit, le « Comité corporatif » doit être composé d'hommes d'action et de la classe élevée, de personnes intelligentes et dévouées, appelés les uns et les autres à la haute direction et à la protection de la société. Des bourgeois et des dames patronnesses, voilà son effectif. Il devra se diviser en sections, chargées de la propagande, des fondations, des établissements financiers, de l'enseignement religieux et professionnel. En un mot, ce Comité paraît diriger l'Œuvre autant que la protéger. Nous

(1) Manuel, p. 281.

reconnaissons qu'il est très utile, les ouvriers ne pouvant faire beaucoup de choses tout seuls. La classe dirigeante doit bien diriger quelqu'un et quelque chose. En tous cas, elle a le devoir de s'intéresser au monde du travail; c'est à lui qu'elle doit de n'avoir pas à lasser ses propres bras.

Cependant, nous voulons émettre ici un doute, c'est que le Conseil ouvrier et le Comité corporatif puissent toujours bien s'entendre. Qu'ils s'accordent quelque part, au Val-des-Bois, par exemple, nous ne le nions pas, puisque le fait existe ; mais quelle prudence et quelle réserve, quel désintéressement il doit falloir pour éviter les conflits au lieu d'en créer, pour protéger sans blesser, pour ne pas constituer en face les uns des autres de vrais syndicats de patrons et des syndicats d'ouvriers, que nous voyons si souvent en lutte les uns avec les autres ? Il faut que le dévouement et la charité chrétienne inspirent tous les actes et toutes les décisions du Comité. Dans cet ordre de choses, plus qu'en tout autre, les patrons et les protecteurs doivent être pour les ouvriers des pères plutôt que des maîtres indifférents.

En terminant cette question, mais non pour la résoudre, nous en poserons simplement une autre. N'y aurait-il pas moyen de réunir et de fondre ensemble le Conseil intérieur et le Comité protecteur? Qu'est-ce qui empêcherait les conseillers et conseillères de la haute classe de délibérer avec ceux et celles de la classe inférieure, de se partager la direction des œuvres annexes, des associations pieuses et économiques, de se consulter et de s'aider tous pour le bien général de la corporation? Puisque nous les supposons tous et toutes animés de l'esprit chrétien, cet esprit n'est-il pas assez fort pour les mettre d'accord, et assez doux pour ne froisser personne? La charité, la sagesse et les autres dons du Saint-Esprit ont fait des choses plus merveilleuses, elles en feront bien encore. Voilà ce que nous avions à dire sur le gouvernement intérieur de la corporation. Quant à l'intervention des pouvoirs publics à son égard, nous avons expliqué ce qu'elle devait être et à quoi elle devait se borner, nous n'y revenons pas.

4° La corporation doit « se mouvoir dans la hiérarchie chrétienne ». — L'égalité, tant prônée par nos révolutionnaires, est précisément ce qui divise les hommes. Ceux qui la prêchent veulent être des maîtres, ceux qui la réclament ne veulent pas être des pauvres. Si elle existait durant vingt-quatre heures, les plus forts la détruiraient dès le lendemain. Une société d'égaux ne peut être qu'une société de sots ou d'animaux ; encore faudrait-il qu'ils n'eussent ni faim, ni soif, et puis,

Un sot trouve toujours un plus sot qui l'admire.

Adieu l'égalité ! Les hommes peuvent être heureux tout en reconnaissant des supérieurs, pourvu que ceux-ci soient convaincus que l'homme n'est ni ange ni bête, et qu'ils consentent à ne faire eux-mêmes ni l'ange ni la bête. Dieu a prévu le danger d'où qu'il vienne, d'en haut ou d'en bas, en instituant trois choses : l'amour, l'idéal et la faim. Pour l'amour, il a fait la famille ; pour l'idéal, il a fait la Religion, quoique très positive ; pour la faim, il a fait le travail, qui a fait lui-même la profession. La famille, la Religion, la profession, ainsi établies, sont trois moyens d'une puissance irrésistible pour rapprocher les hommes, leur apprendre à se supporter, à s'entr'aider et à s'aimer pour eux et pour Dieu qui les a créés.

Or, dans chacune de ces trois institutions, la famille, la Religion et la profession, Dieu a établi des autorités naturelles, une hiérarchie admirable : le père et la mère dans la famille, les ministres de Dieu dans la Religion, les patrons et les maîtres dans la profession. La corporation doit vivre selon cette hiérarchie. Que l'autorité des parents y soit révérée, que leur dévouement et leur amour, justement appréciés, établissent au sein de la famille l'égalité dans l'affection. Que les ministres de Dieu, les prêtres et leurs auxiliaires, exercent dans les associations l'autorité douce et forte qui encourage et soutient. Que leur enseignement élève les âmes au-dessus de la terre, vers l'idéal infini de l'éternelle récompense, que Dieu promet à qui aura bien rempli sa tâche ici-bas. « Une âme sans idéal est une âme perdue pour le bien », dit M. Elie Blanc (1); que les pratiques de la piété, accomplies franchement, établissent pour tous l'égalité devant Dieu, celle-ci est sans danger. Que

(1) *La Question sociale*, page 10.

les maîtres et les patrons donnent la preuve d'un zèle plus dévoué qu'intéressé, qu'il fassent aimer plutôt que redouter l'autorité dont ils sont investis; qu'ils l'emploient à faire le bien de ceux qu'ils commandent, c'est le meilleur moyen de travailler au leur ; que les conseillers de l'Œuvre, quels qu'ils soient, mettent dans leur coopération le dévouement sincère qui rend le travail moins lourd en le faisant aimer; que chacun ait l'intelligence de son rôle, le sentiment de sa dignité et le respect de celle des autres. Alors la corporation vivra de sa vie propre, une vie tranquille et féconde, parce qu'elle sera le fruit de l'ordre et de la hiérarchie.

Mais il est une autre hiérarchie, celle du mérite, qu'il faut établir dans les corporations ouvrières. La réunion des Patrons chrétiens du Cercle Montparnasse, et un grand nombre d'hommes éminents, la réclament comme un élément nécessaire au développement des associations. Cependant cette réclamation n'a pas encore produit beaucoup d'effet, à raison de certaines réserves commandées par le comité de l'Œuvre des Patrons. M. Harmel ne l'a pas introduite dans le type qu'il nous donne de la corporation industrielle. Il est vrai que, dans les grandes manufactures, la division du travail rend le mérite de l'ouvrier moins nécessaire, il lui est plus difficile de se faire jour ; on n'y a pas ce qu'on peut appeler les *traditions de métiers*. Quoi qu'il en soit, l'idée et les revendications de la hiérarchie d'après le mérite paraissent être justes et dignes d'obtenir gain de cause.

Leur avantage est de rendre au travail l'honneur qui lui est dû pour sa bonne exécution, et à l'ouvrier la dignité qui lui convient. Quelle que soit l'utilité de la division du travail telle qu'elle se pratique de nos jours, en admettant qu'elle soit vraiment la cause d'une production plus grande, il n'en est pas moins certain qu'aujourd'hui l'ouvrier est souvent réduit à l'état de machine; il n'a pas besoin d'un bien long apprentissage. Ce qu'un seul faisait autrefois, ils sont vingt pour le faire maintenant. Comment veut-on que chacun travaille avec cœur ?

D'autre part, l'ouvrier intelligent et habile, appliqué dans sa partie, ne s'en voit pas moins ignoré du public, qui ne connaît ni sa moralité, ni sa capacité. Il n'a presque aucune perspective d'avancement dans le métier. S'il n'a pas d'argent pour en sortir, pour s'élever, pour devenir patron lui-même; il est condamné à n'être jamais qu'un de ces prolétaires, qui ont bien quelques raisons de détester une société où l'on ne connaît d'autre valeur que celles de la Bourse, et d'autres diplômes que les billets de la Banque de France. Alors pourquoi lancer avec tant d'emphase la jeunesse à la poursuite des parchemins, dans certaines carrières? On dira qu'il s'agit des carrières élevées. Il y en a de plus élevées encore, où l'on n'en use pas. On devrait exiger une capacité professionnelle pour entrer dans un métier, demander au moins de l'honorabilité. Pourquoi ne pas établir une hiérarchie permettant au mérite de s'élever du rang d'apprenti à celui de compagnon, puis à celui de maître? D'ailleurs on écarterait ainsi des professions honnêtes les incapables dont la concurrence fait baisser les salaires et produit les chômages, et que la loi de l'offre et de la demande contente suffisamment, parce qu'ils n'en méritent pas une autre. Après tout, la corporation ne serait pas obligatoire. Sur sa porte on pourrait écrire : *Entrée libre.* Ceux qui voudraient en essayer n'y seraient pas trop malheureux, et les indignes ou incapables ne viendraient pas les débaucher. Quant aux braves gens qui ne s'en soucieraient pas, ils n'auraient qu'à passer leur chemin et à gagner leur vie en route. Que veulent-ils de plus ? On ne les force pas d'entrer, et l'on peut vivre ailleurs. La hiérarchie ayant le mérite pour principe paraît donc être d'une haute importance dans les corporations ouvrières. D'ailleurs, chacun sait qu'elle était un élément de l'ancienne organisation du travail. Il faut la conserver ou plutôt la rétablir.

5º La corporation « doit restaurer la famille par la réforme des individus ». — L'affaiblissement de la foi, l'éloignement de Dieu, les émigrations si nombreuses, les grandes agglomérations avec leurs vices, tendent à dissoudre la famille. Il faut remédier à un si grand mal en atteignant les parents et les enfants dans des *associations religieuses* où la question de piété sera la principale, mais sans exclure le côté matériel de la vie. Cependant il ne s'agit pas encore des *institutions économiques*, dont nous parlerons plus loin, en traçant le sixième caractère de la corporation. Pour le moment, nous voulons réformer les individus par la Religion, afin de restaurer la famille à laquelle ils appartiennent.

Les associations pieuses doivent d'abord rendre au père et à la mère le sentiment de leur responsabilité devant Dieu, pour exciter dans leur âme l'énergie et le courage dont ils ont besoin. Elles doivent aussi procurer aux enfants une meilleure éducation, l'éducation chrétienne, qui inspire la véritable obéissance et rend la mission des parents plus facile. Il s'ensuivra que la pensée de Dieu, plus présente au foyer domestique, en bannira le vice.

Mais si la Religion et la piété forment l'élément principal de nos associations, celles-ci ne sauraient rester étrangères au côté matériel de l'existence. Les congrégations purement pieuses ne suffisent plus à notre époque. Nous ne prétendons pas qu'aucune d'elles ne puisse subsister; mais nous soutenons qu'elles sont incapables de saisir et de maintenir dans la bonne voie le monde si intéressant du travail. Les œuvres de piété doivent donner à l'âme la part principale, mais il ne faut pas qu'elles traitent le corps comme un inconnu. Ceux-là même qui crient : En haut les cœurs doivent un peu soutenir les bras. D'ailleurs, l'expérience a été faite. Ainsi, au Val-des-Bois, même les associations de jeunes filles, d'Enfants de Marie, par exemple, s'occupent des intérêts matériels de chacune d'elles ; la piété, loin de perdre à cette attention purement humaine, n'en devient que plus stable et plus communicative.

Les formes d'associations religieuses sont assurément bien variées, nous ne voulons pas en faire ici la nomenclature. Nous citerons cependant, comme étant d'une grande efficacité parmi les hommes, les Cercles catholiques. Un cercle catholique est une association d'hommes formée autour d'une chapelle ou d'une église paroissiale. Ce n'est donc pas une société où tout se borne à des jeux honnêtes, comme on a trop souvent l'air de le croire. On inscrit : société de ceci, société de cela ; pourquoi ne pas dire simplement : société où l'on s'amuse, sans dommage ni avantage pour personne ? A défaut d'autre chose, on serait dans le vrai. Le cercle semble devoir être le véritable centre de la corporation chrétienne. Pour cela, il doit être professionnel, du moins n'admettre que les ouvriers et patrons de professions similaires, qui donnent à l'œuvre plus d'union et plus de force. En facilitant les pratiques religieuses, le cercle professionnel devient le lien le plus puissant pour unir les hommes et leur inspirer la véritable charité. Il doit se diviser en plusieurs sections, selon l'âge de ceux qui en font partie : le cercle d'ouvriers au-dessus de seize ou de dix-sept ans, qui sera le fondement de la corporation ; le petit cercle, de la première communion à seize ou dix-sept ans, qui sera la pépinière du grand ; enfin l'association des enfants de sept à huit ans jusqu'à la première communion. Il est très important de commencer par celui des hommes faits, parce que les enfants regardent toujours au-dessus d'eux, et puis tel père, tel fils. On doit veiller à ce que les trois sections aient de l'unité dans leur direction.

Les autres associations religieuses à établir de préférence, sont toutes celles qui ont pour objet principal les réunions pieuses de la famille, les patronages de tel ou tel saint avec leurs fêtes, les dévotions au sacré Cœur de Jésus, à la sainte Vierge, à saint Joseph, à saint Louis de Gonzague, et autres protecteurs attitrés des divers âges de la vie, les archiconfréries, les Tiers Ordres, surtout celui de Saint-François-d'Assise, spécialement recommandé par Léon XIII, comme ayant une mission particulière pour la conversion de notre siècle. L'humilité, l'obéissance, la mortification qu'il prêche et pratique, sont en effet des vertus aussi nécessaires à notre époque qu'elles lui sont inconnues. Il a donc beaucoup à faire pour un Ordre fin de siècle.

Mais comment des hommes et des jeunes gens pourraient-ils s'engager et persister dans les pratiques de la vie chrétienne, s'ils voyaient autour d'eux leurs femmes et leurs sœurs étrangères à cette vie? Que deviendrait l'éducation des enfants si la mère était sans religion? Les femmes pieuses ont toujours eu un rôle important dans les associations catholiques. Il faut donc en fonder pour elles. Leur propre sanctification et celle de toute la famille dépendent en grande partie de ces institutions.

N'oublions pas qu'il s'agit ici du monde du travail principalement. C'est pourquoi il importe d'organiser d'abord l'association des *mères de famille*. Nous disons des *mères de famille*, et non des mères chrétiennes, parce que ce dernier terme exprime ordinairement des dames patronnesses, dont les congrégations fleurissent partout. Mais pour la mère ouvrière on n'a presque rien fait. C'est pourquoi l'on a obtenu si peu d'effets, malgré de généreux dévouements. En délaissant la mère, on abandonne le moyen naturel, créé par Dieu, pour gagner les cœurs et leur faire aimer la vertu. Le cœur d'une mère qui a Dieu pour appui, renferme plus de ressources pour convertir son fils que tous les coffres-forts. Il faut donc créer des associations de mères ouvrières, et les créer complètes, avec un aumônier capable, une sage directrice, un Conseil intérieur. Les pratiques religieuses y entretiendront la vie, la charité en multipliera au dehors les manifestations bienfaisantes.

Rien n'empêche d'avoir à côté de cette œuvre populaire des comités de dames patronnesses. Mais qu'elles patronnent quelqu'un et quelque chose, et ne songent pas seulement à paraître. Au sortir de leurs réunions aristocratiques, qu'elles pensent encore à la pauvre ouvrière, et ne se contentent pas, en passant, de lui tendre fièrement deux sous. Grâce à Dieu, elles font souvent plus que cela. Cependant, si l'on se contente d'elles, on n'aboutira jamais. Le concours parfaitement organisé des mères ouvrières est nécessaire à la restauration de la famille.

Sous les yeux des mères de famille, il faut établir aussi des associations pour les jeunes filles. Une piété solide, entretenue par les pratiques régulières de la Religion, fera naître toutes les autres vertus qui attachent la jeune personne à ses devoirs. Mais si elle jouit elle-même du bonheur d'être vertueuse, elle n'a rien tant à cœur que de le faire partager à ses compagnes. Elle deviendra alors un apôtre, dans la congrégation et dans la famille, où sa douce influence produira des merveilles.

Il importe cependant de ne pas borner l'œuvre à des réunions de piété où le prêtre fait tout, et les enfants rien, sinon l'écouter. Quand le prêtre fait tout, il ne fait rien. L'institution doit s'administrer elle-même, sous l'autorité d'une bonne directrice, et la paternelle surveillance d'un prêtre éclairé et zélé. Sans s'écarter du but de l'association, qui est essentiellement religieux, celles qui la forment doivent s'occuper du côté matériel de leur œuvre et s'y intéresser. En se trouvant en face des réalités de la vie, et en les considérant avec les yeux de la foi, la jeune fille apprendra à bannir de son esprit les pensées frivoles, elle élèvera son intelligence, elle élargira son cœur, et peu à peu elle se formera à cette bonté aimable qui se dévoue sans prétention. Des congrégations ainsi formées procureront aux jeunes filles plus de joie véritable que la vie insignifiante qui est ordinairement leur partage.

Quant aux formes de ces associations, elles peuvent être multiples. Mais il est une division qui s'impose suivant l'âge des associées. La première congrégation doit comprendre les enfants qui n'ont pas fait leur première communion ; la seconde, celles de onze à quinze ans ; la troisième, les jeunes filles de quinze ans jusqu'au mariage, ou les Enfants de Marie. Mais, pour Dieu, qu'elles ne soient pas mille autres choses ! L'étiquette n'est rien. Il importe que les trois sections soient dirigées par les mêmes personnes, afin de conserver la paix et la bonne harmonie entre toutes les congréganistes, car dans ce petit monde la rivalité prend vite racine, d'autant plus que la vanité sait parfaitement l'arroser et l'entretenir. Il faut donc qu'un seul et même esprit l'anime, pour le rendre heureux et content sous le regard de Dieu.

Les associations religieuses que nous venons de considérer, et d'autres analogues, peuvent, comme on le voit, saisir la famille entière, et l'atteindre dans toutes les situations sociales. C'est par elles que la corporation pourra arrêter le courant qui entraîne les populations vers l'impiété et le matérialisme. Il n'y a que l'Eglise pour avoir des œuvres vraiment fécondes et durables, parce qu'elle se propose toujours d'établir le règne de Dieu sur la terre, avec le secours de Dieu même. Munie de ses principes et de ses idées, avec sa parole et son apostolat, elle apporte au monde la tranquillité de la vie, fruit de la paix de la conscience ; les vraies joies du foyer domestique, qui dépendent de la pureté des mœurs ; le bien-être et l'aisance, qui viennent de la modération dans les désirs.

Les anciennes corporations ne connaissaient guère ce groupement de la famille, il était en réalité très loin de ce qu'il doit être aujourd'hui. L'ouvrier seul était incorporé ;

ses enfants pouvaient travailler sous ses ordres et sous ses yeux, mais ils n'étaient pas un élément de la vie corporative. Aujourd'hui la société est tout entière à réformer; il faut donc la saisir avec la famille, en réunissant celle-ci dans des institutions appropriées à ses besoins religieux et moraux.

6° La corporation doit « travailler au bien-être matériel », comme au bien-être moral de ses membres. — Elle arrive à ce résultat par l'assistance mutuelle, fécondée par la charité. L'Eglise s'est toujours occupée des intérêts matériels des peuples, dont elle soignait de prime abord les âmes. A l'origine du christianisme, c'était une assistance réelle et efficace qui faisait dire des premiers chrétiens : « Voyez comme ils s'aiment. » L'histoire nous montre la vénération que les saints ont méritée dans le monde, parce qu'ils lui ont procuré des bienfaits impérissables. Il faut reprendre les traditions de l'Eglise et des saints. C'est par la charité mutuelle que les anciennes corporations furent des œuvres humanitaires ; c'est encore par cette vertu que les nouvelles associations procureront aux sociétés modernes une ère de prospérité.

On ne saurait trop s'en convaincre, la cause du peu de succès des œuvres ouvrières catholiques établies dans ces derniers temps, c'est qu'on a trop négligé le côté utilitaire. Cette question de l'*utile* doit être constamment à l'ordre du jour. Qu'elle soit à son rang, puisqu'il faut avant tout chercher le royaume de Dieu; mais Dieu veut que nous l'aidions à nous donner le reste par surcroît.

Le concours de l'activité humaine avec l'action de la Providence s'établira par des institutions économiques capables de pourvoir à tous les besoins matériels de la corporation. Ces institutions devront être animées par la charité, puisque celle-ci est la condition du succès. Comme le dit M. Ch. Perrin, « sans la charité, rien ne se fera pour la solution du problème social. C'est pour avoir voulu s'en passer et avoir essayé de constituer l'ordre économique sur l'intérêt propre et sur les seules lois de la justice légale, que nos sociétés en sont réduites aux extrémités où nous les voyons » (1). La vertu mystérieuse et surnaturelle de la charité peut délivrer de ces

---

(1) *Le Socialisme chrétien*, p. 62.

« extrémités » les institutions économiques. Tout en les fixant sur ce terrain de la vie matérielle, elle les mettra en regard de la vie spirituelle, vers laquelle les affaires temporelles doivent toujours être tournées. Celui qui apporta cette vertu sur la terre l'apprit aux hommes par ses propres exemples. Le divin Sauveur remettait les péchés, et pour démontrer qu'il en avait le droit et le pouvoir, il rendait la vue aux aveugles, l'ouïe aux sourds, il guérissait les boiteux et les paralytiques. S'il revenait visiblement au milieu de nous, il n'agirait pas autrement. Il serait toujours un frère pour ceux qui l'écouteraient, il s'intéresserait à leurs affaires, grandes et petites, il nous apprendrait à tenir compte de tout et à être de notre temps. Assurément, il ne se ferait ni banquier, ni assureur, sinon pour le ciel ; mais il laisserait peut-être saint Matthieu à son comptoir, pour convertir ses collègues. En tous cas, il les verrait tous, bons et mauvais, comme autrefois il visitait les pharisiens, afin de leur donner des conseils, et souvent des leçons, comme celle qu'il faisait à Simon. Que ceux qui prétendent organiser le monde du travail soient donc des saints, si l'on veut, mais qu'ils soient aussi des hommes d'affaires, ayant toujours pour modèle Celui dont on a dit : « Il a bien fait toutes choses », *benè omnia fecit.*

Les institutions économiques devront donc se mouvoir et se vivifier dans la charité. Sous l'inspiration de cette vertu, les conditions de leurs succès sont la liberté, la confiance et l'universalité.

Respecter la liberté dans ce qu'elle a de légitime est un excellent moyen de fixer la volonté. Il ne faut rien imposer, mais attendre que l'ouvrier, l'associé, quel qu'il soit, comprenne le bien qu'on veut lui faire, ce qui n'empêche pas de le lui expliquer le plus possible. Sans patience on ne peut rien faire, surtout avec les humbles et les petits, et souvent avec les grands. C'est aussi difficile aux grands de comprendre l'existence des petits qu'aux petits de comprendre celle des grands. D'ailleurs, la terre porte des infiniment petits, et pas un seul infiniment grand. C'est humiliant pour notre planète, d'autant plus que Dieu seul connaît les infinis. Cependant il ne faut pas abuser de la patience, ni de la chose, ni du mot, surtout quand on la réclame pour autrui. En tout cas, que l'entrée et la sortie des institutions économiques soient absolument libres, comme celles de n'importe quelle association de piété.

La confiance n'est pas moins nécessaire que la liberté. Il faut tâcher de l'inspirer. A cet effet, on doit admettre les ouvriers dans l'administration de toutes leurs œuvres. Il est nécessaire, pour les y intéresser, qu'ils se rendent compte et voient par eux-mêmes ce que ces œuvres coûtent et rapportent.

Quant à l'universalité des institutions, elle n'est autre chose que leur appropriation à tous les besoins des travailleurs. Pour les établir et les organiser, on doit considérer les personnes appelées à en faire partie, les milieux où elles vivent, le travail qui leur est imposé, et les diverses circonstances dans lesquelles il faut l'exécuter.

Comme on le voit, les institutions économiques sont une partie intégrante de la corporation. Celle-ci part de l'idée religieuse, pour se développer dans le soin des intérêts matériels communs. Etant l'union de plusieurs personnes, qui concertent leurs forces individuelles pour atteindre un but déterminé, et agissent ainsi en vertu d'un droit naturel, la corporation forme une personnalité morale et civile, qui est l'expansion de la personne physique. Les droits de celle-ci s'ajoutent aux droits de ses semblables, pour n'en former qu'un seul, qui est celui de l'œuvre tout entière.

Mais si la corporation est une personne morale et civile, elle a droit à l'existence légale, et la faculté de posséder lui est essentielle. Les sociétés privées sont comme les parties de la société publique, elles tiennent de la nature même le droit à l'existence. Or, « la société publique est instituée pour protéger le droit naturel, non pour l'anéantir », comme le dit Léon XIII. L'existence légale ne peut donc être refusée aux corporations, si elles sont constituées et organisées selon les règles de la justice. D'ailleurs, sans l'existence légale, elles ne pourront jamais pourvoir à tous leurs intérêts économiques; et leurs décisions sur les intérêts professionnels ne seront que des mesures incomplètes, n'ayant pas de résultat sérieux.

La reconnaissance doit être complétée par la faculté de posséder, qui est essentielle à la corporation. Privée de cette faculté, l'existence économique de l'œuvre ne saurait être assurée, et les intérêts de ses membres ne pourraient être efficacement défendus.

Mais le droit à l'existence légale et la faculté de posséder et d'acquérir demandent une loi sérieuse, juste et complète sur la liberté d'association. Malheureusement, cette loi est encore à faire dans notre pays, en dépit des nombreux fantaisistes qui en ont tenté le projet. Elle nous est cependant nécessaire pour les besoins de notre société; elle pourrait même être un instrument de salut. Mais, pour cela, il faut qu'elle comprenne toutes les associations religieuses et économiques, et qu'elle ne retire pas aux unes ce qu'elle accorde aux autres. Si elle ne concède pas à toutes une égale liberté, elle nous livrera toujours à l'arbitraire administratif, qui est la plaie de presque tous les pouvoirs, quels qu'en soient la nature et le caractère.

Les institutions économiques, comme les associations religieuses, peuvent être multiples, sous des formes et des noms divers. Ce qui importe, c'est qu'elles ne perdent jamais de vue le but de la corporation, qui est le bien-être moral et matériel de ses membres.

Celles qui concernent la famille doivent avoir pour objet l'instruction primaire, les bibliothèques, le service de santé, les logements moraux, les formalités nécessaires aux mariages, aux décès, les sociétés de secours mutuels, les soins à donner aux veuves et aux orphelins, les consultations gratuites pour toutes les questions qui touchent à la vie civile.

Celles qui s'occupent de la profession auront pour objet l'instruction professionnelle, l'apprentissage, la protection du travail chrétien, avec une connaissance exacte de tous les chefs d'ateliers, d'usines, et de leurs ouvriers, des artisans qui travaillent en chambre, les bureaux de placement gratuit pour les hommes, les femmes et les jeunes filles, les arbitrages amiables pour éviter les frais de justice, la discipline chrétienne des ateliers, les précautions contre les accidents durant le travail.

Il faut aussi fonder plusieurs œuvres pour la vie à bon marché. Telles sont les sociétés d'alimentation, qui ont pour objet l'entretien de la vie : pain, vin, viande, chauffage, fournisseurs privilégiés, surveillance des denrées chez les fournisseurs privilégiés et dans les sociétés de consommation, boni corporatif, prélevé sur les réductions des prix de vente ou d'achat, hôtellerie chrétienne.

Les œuvres de prévoyance sont également utiles. Les principales sont les caisses d'épargne, les caisses de secours pour les chômages forcés, les infirmités, la vieillesse, les caisses de retraite, les assurances sur la vie faites directement par la corporation, ou par les compagnies avec des réductions de prime, les caisses corporatives, formées par des économies et divers dons, les banques populaires et catholiques, qui procurent aux ouvriers un placement sûr et rémunérateur, et aux emprunteurs des avances proportionnées à leur crédit personnel, c'est-à-dire à leur moralité, à leurs talents, à la persévérance connue de leur activité.

Telles sont les principales œuvres à établir pour les intérêts économiques des corporations. Il faut étudier les meilleurs systèmes de ces œuvres, profiter de l'expérience acquise et féconder par l'esprit chrétien tout ce que l'on établira, afin d'en assurer la stabilité et le succès.

Les œuvres seront alors bénies de Dieu, et elles lui ramèneront les maîtres et les ouvriers, les grands et les petits, les forts et les faibles, parce qu'ils verront dans l'Eglise établie par lui sur la terre, une mère attentive à tous les soins que réclament ses enfants.

RÉSUMÉ ET CONCLUSION

S'il fallait entendre par *liberté du travail* seulement la faculté de choisir et d'exercer telle ou telle profession, telle ou telle méthode dans le travail, sans autorisation et sans monopole, la faculté de travailler où l'on veut, cette liberté, pourvu qu'elle fût soumise aux lois de Dieu et de l'Eglise, n'aurait rien de contraire à l'ordre social chrétien. Mais la liberté du travail n'a pas été entendue ainsi par ceux qui l'ont établie à la fin du siècle dernier et par leurs disciples, si nombreux à notre époque. Ils s'appuient sur l'hypothèse que l'homme livré à lui-même, finira par tendre au bien et y arriver, hypothèse qui est la négation du péché originel et de ses conséquences funestes. Ils confondent le *bien* avec l'*utile*, tandis que l'*utile* n'est qu'un moyen pour arriver au *bien*.

Ils ne songent qu'à l'harmonie des intérêts matériels, bornés à la vie présente, sans espérance d'une vie meilleure.

Cette doctrine est opposée aux idées chrétiennes, d'après lesquelles il ne faut pas chercher en ce monde le bien véritable, ni s'exposer à perdre ce bien pour n'importe quel autre. Les biens de ce monde étant finis, leur partage ne peut être égal. Dès que les hommes ne recherchent pas autre chose, l'harmonie fait place au désordre, à la lutte, à la guerre. Comme les hommes se trompent sur le choix de leur véritable bien, leur liberté doit être éclairée et soumise à une direction, qui est celle de Dieu et de son Eglise. La liberté du travail ne saurait donc être absolue et sans limite.

L'homme doit aussi tenir compte de sa propre faiblesse, qui l'oblige « à s'adjoindre une coopération étrangère ». Il est lui-même fait pour la société. Ces deux raisons lui assurent, au nom de la nature, le droit de s'associer avec ses semblables, pour unir leurs efforts et tendre vers un bien commun, qui est le bien moral et matériel de tous et de chacun.

Mais on ne saurait atteindre ce bien et ce

but sans la justice et la charité. Or, les lois de Dieu et de l'Eglise garantissent l'observance de ces deux vertus. On doit donc se soumettre à ces lois. C'est pourquoi l'esprit chrétien doit animer toutes les associations.

Cet esprit doit établir la paix dans la vie sociale. Pour obtenir cette paix, il est nécessaire de rapprocher les hommes par des intérêts communs entre les maîtres et les ouvriers, entre les faibles et les forts, les riches et les prolétaires. C'est ce que faisaient les corporations de l'ancien régime. Mais les conditions de la société ne sont plus aujourd'hui ce qu'elles étaient autrefois. Les patrons doivent s'unir pour réagir contre la concurrence illimitée et ses redoutables conséquences, pour protéger le travail national, pour améliorer le sort des travailleurs, pour leur donner l'aisance et la sécurité, que l'individualisme leur a fait perdre complètement. En tenant compte des nouvelles conditions du travail, dans la grande et dans la petite industrie, dans le commerce, dans l'agriculture, dans les arts, et toutes les manifestations professionnelles de l'activité humaine, il faut s'efforcer de ranimer l'esprit de famille, réunir la famille elle-même le plus possible dans le travail, la saisir tout entière par diverses associations qui atteindront tous ses membres.

Les ouvriers eux-mêmes, tout aussi bien que les patrons, doivent se prêter à cette organisation. Ils doivent comprendre que dans ce monde le sort de tous les hommes ne saurait être égal, et croire que dans l'autre la récompense, éternelle pour tous, sera proportionnée au mérite de chacun. Qu'ils se gardent bien de briser les liens de la subordination, parce qu'alors la société se pulvériserait. Cette poussière d'atomes individuels ne reste pas libre longtemps; incapable de résistance, le pouvoir, sous une forme ou sous une autre, s'en empare, la pétrit à sa guise, quelquefois dans le sang, et le socialisme d'Etat, ou quelque autre tyrannie plus personnelle, confisque la liberté.

La tyrannie, le paupérisme, l'anarchie, fruits de l'individualisme, sont des maux que la société peut s'épargner si elle organise les corporations chrétiennes, en les appropriant aux besoins de notre époque et aux conditions qui lui sont faites. Ces corporations doivent avoir des caractères spéciaux; nous en avons énuméré six, qui comprennent tous les autres de moindre importance. Enfin, l'existence légale et la faculté de posséder sont nécessaires aux associations professionnelles, pour assurer et défendre les intérêts de leurs membres. Une fois constituées, et ainsi organisées, elles établissent partout le rapprochement des classes, l'harmonie des intérêts, le bien-être moral et matériel, la paix que tous désirent et qu'il faut bien espérer. L'œuvre des corporations chrétiennes, appropriées aux exigences et aux besoins de notre société, est donc l'œuvre capitale de notre temps. C'est par elle que s'accomplira la parole de Jésus-Christ : « Cherchez d'abord le royaume de Dieu, et le reste vous sera donné par surcroît. » C'est pourquoi elle doit réunir et s'attacher tous les hommes d'action et de bonne volonté.

TABLE DES MATIÈRES

	Pages
Préliminaires....................................	3
Chapitre premier. — L'individualisme et la corporation. — Liberté du travail.............	9
Chapitre II. — L'association est de droit naturel. — Pourquoi l'Eglise a toujours été favorable à la corporation	19
Chapitre III. — Différence essentielle entre les corporations d'autrefois et les syndicats d'aujourd'hui.......................................	25
Chapitre IV. — Faut-il désirer le retour des corporations d'autrefois? — Peut-on espérer ce retour?..	33
Chapitre V. — Dans quelles conditions nouvelles faut-il concevoir les corporations?.....	43
Chapitre VI. — But et caractères principaux des nouvelles corporations	53
Résumé et Conclusion.........................	93

Lyon. — Imprimerie E. Vitte, rue de la Quarantaine, 18.

Librairie Emmanuel VITTE, 3, place Bellecour, Lyon.

Cours élémentaire de philosophie adapté aux programmes du baccalauréat de l'enseignement secondaire classique et moderne, par l'abbé V. MANUEL, professeur de philosophie. In-12 de 638 p. . . . . 4 »

Notice historique et pieuse sur la chapelle de Mazières à Hauteville (Ain). Gr. in-32 illustré de 174 p. . . . . 1 »

Vie de saint Jean-Baptiste mise en vers français d'après l'Evangile, par l'abbé J.-B. PARADIS. Gr. in-16 de 36 pages. . . . . » 30

Vie de Mgr Jean d'Aranthon d'Alex, évêque et prince de Genève, apôtre du pays de Gex, par l'abbé BOULLET, prêtre du diocèse de Belley. In-8 de XVIII-232 p. . 2 »

L'abbé SAUVADE : Courts Sermons. — *Grandes fêtes de l'année.* — *Credo.* — *Quelques homélies.* — *Sujets de circonstance.* Grand in-16 de 335 p. 3 25

Voyages légendaires en Irlande, par l'abbé DOMENECH. Gr. in-8 de 400 p., illustration de P. Faure. 4 50

En Zig-Zag aux Pays-Bas, et sur les bords du Rhin, par J. DE BEAUREGARD. In-8 de VIII-328 pages. *Illustrations* de P. Lambert. . . . . 3 »

La Mère Marie de Jésus, Marie Deluil-Martiny, fondatrice de la Société des filles du Cœur de Jésus, par l'abbé LAPLACE, chanoine de Belley. Grand in-16 de XXIV-432 p. avec 2 portraits. 3 50

Saint Vincent de Paul et ses œuvres à Marseille, par H. SIMARD, prêtre de la Mission, directeur du grand séminaire de Marseille. 1 fort in-8 de 400 pages. 5 »

www.ingramcontent.com/pod-product-compliance
Lightning Source LLC
Chambersburg PA
CBHW070304100426
42743CB00011B/2344